A arte de
pagar suas dívidas

Coleção
PEQUENOS FRASCOS

MARCO DE SAINT-HILAIRE

A ARTE DE
PAGAR SUAS DÍVIDAS
E SATISFAZER SEUS CREDORES
SEM DESEMBOLSAR UM TOSTÃO

TIPOGRAFIA DE H. BALZAC

TRADUÇÃO DE
MARIA DAS GRAÇAS DE SOUZA

editora
unesp

L'ART
DE
PAYER SES DETTES

ET

DE SATISFAIRE SES CRÉANCIERS, SANS DÉBOURSER UN SOU;

ENSEIGNÉ

EN DIX LEÇONS.

OU

MANUEL DU DROIT COMMERCIAL,

A L'USAGE DES GENS RUINÉS, DES SOLLICITEURS, DES SURNUMÉRAIRES, DES EMPLOYÉS RÉFORMÉS ET DE TOUS LES CONSOMMATEURS SANS ARGENT.

PAR FEU MON ONCLE,

Professeur Émérite.

PRÉCÉDÉ D'UNE NOTICE BIOGRAPHIQUE SUR L'AUTEUR ET ORNÉ

DE SON PORTRAIT.

LE TOUT PUBLIÉ

PAR SON NEVEU,

AUTEUR DE *L'ART DE METTRE SA CRAVATE.*

1827

2011 © da tradução brasileira

Título original: *L'art de payer ses dettes*

Direitos de publicação reservados à:

Fundação Editora da Unesp (FEU)
Praça da Sé, 208
01001-900 – São Paulo – SP
Tel.: (0x11) 3242-7171
Fax: (0x11) 3242-7172
www.editoraunesp.com.br
www.livrariaunesp.com.br
feu@editora.unesp.br

CIP–Brasil. Catalogação na Fonte
Sindicato Nacional dos Editores de Livros, RJ

S145a

Saint-Hilaire, Émile Marco de, m. 1887.
   A arte de pagar suas dívidas e satisfazer seus credores sem desembolsar um tostão / Marco de Saint-Hilaire; tipografia de H. Balzac; tradução de Maria das Graças de Souza. – São Paulo: Editora Unesp, 2011.

   152p.   (Pequenos Frascos)
   Tradução de *L'art de payer ses dettes*
   Inclui índice
   ISBN 978-85-393-0127-0

   1. Literatura francesa – História e crítica.   2. Sátira francesa. I. Balzac, Honoré de, 1799-1850. II. Título. III. Série.

1-2908.   CDD: 840
                                                         CDU: 821.133.1

Editora afiliada:

Asociación de Editoriales Universitarias
de América Latina y el Caribe

Associação Brasileira de
Editoras Universitárias

Quanto mais se deve, mais se tem crédito.
Pensamento inédito do professor

Sumário

Prefácio à edição brasileira

A arte de pagar suas dívidas e satisfazer seus credores sem desembolsar um tostão. Seu autor presumido é Émile Marco de Saint-Hilaire; o ano de publicação, em Paris, 1827. A primeira questão que se coloca é a de quem teria sido esse autor. Trata-se de Émile Marc Hilaire (1796-1887), escritor praticamente desconhecido em nossos dias; historiador, autor de romances históricos, de folhetins, de uma série de "guias" destinados aos dândis e publicados por Honoré de Balzac (1799-1850) – tais como *L'art de ne jamais déjeuner chez soi et de dîner toujours chez les autres* [A arte de nunca almoçar sozinho e sempre jantar na casa dos outros]; *L'art de fumer et de priser sans déplaire aux belles* [A arte de fumar e apreciar rapé sem desagradar as belas]; *Manuel de toilette ou*

l'art de s'habiller avec élégance et méthode [Manual da toalete ou a arte de se vestir com elegância e método] – bem como de "fisiologias", tão na moda no século XIX (como o atesta o sucesso da *Fisiologia do casamento*, de autoria do próprio Balzac).

Com referência à questão editorial, aparecem, nas páginas iniciais da publicação, duas indicações consecutivas: a primeira, remetendo o texto à Imprimerie de H. Balzac, Rue des Marais S-G, 17; a segunda, à Librairie Universelle, Rue Vivienne, n. 2 Bis, au coin du Passage Colbert. O nome da Imprimerie indica, evidentemente, seu proprietário; quem, no entanto, seria responsável pela Librairie Universelle? Duas razões sociais asseguram, portanto, a divulgação de um texto de autoria pouco evidente: a quem atribuir o conteúdo transmitido ao leitor por um certo barão de Empésé [engomado], naturalmente pseudônimo escolhido pelo(s) autor(es) para se referir a um suposto sobrinho, "compilador-editor" das ideias de seu tio excêntrico, espertalhão e *bon vivant*, professor emérito da arte de pagar dívidas e satisfazer seus credores sem desembolsar um centavo sequer?

No "Prefácio do editor", somos informados de que esse barão de Empésé é também o autor de *L'art de mettre sa cravate de toutes les manières connues et usitées, enseigné et démontré en seize leçons* [A arte de colocar sua gravata de todas as maneiras conhecidas e utilizadas, ensinada e demonstrada em dezesseis lições], obra atribuída, na verdade, à parceria Balzac / E. M. Saint-Hilaire e editada, da mesma maneira, pela Librairie Universelle e pela Imprimerie de H. Balzac. Perguntamo-nos, então, a quem deveria referir-se o pseudônimo indicado nos dois textos: a Balzac apenas? Ou a ele e a seu possível companheiro de redação?

Recuar na cronologia da história editorial tampouco conduz a avanços significativos no tocante à possibilidade de determinar, com precisão, o problema da autoria de *A arte de pagar suas dívidas*, ainda que, ao leitor de Balzac, a temática, o estilo, a profusão de axiomas e o gosto pelas taxionomias sugiram outros textos de sua autoria por ele agrupados, mais tarde, nos *Estudos analíticos* de *A Comédia Humana*. Sabemos, também, da aventura editorial de Honoré de Balzac e de seu desastroso desfecho, das atividades por ele empreendidas, de algumas das parcerias desenvolvidas. Depois de colaborar com vários jornais, o escritor aventura-se no mundo dos negócios. Associa-se, inicialmente, em 1825, ao editor Urbain Carnel, para a publicação, em abril, de edições compactas e ilustradas das obras completas de Molière e de La Fontaine; publica, em março do mesmo ano, em edição anônima, o *Code des gens honnêtes ou l'art de ne pas être dupe des fripons* [Código das pessoas honestas ou a arte de não ser enganado por trapaceiros], com uma segunda edição fictícia datada de julho (há quem julgue que essa obra tenha sido escrita em parceria com Horace Raisson); em maio, publica uma *Notice sur la vie de La Fontaine* [Nota sobre a vida de La Fontaine] e, em setembro, a edição anônima de Wann-Chlore, mais tarde posta à venda sob o pseudônimo Horace de Saint-Aubain.

Em 1826, em sociedade com André Barbier, Balzac instala sua casa de edição no número 17, Rue de Marais Saint-Germain (justamente um dos endereços apontados em *A arte de pagar suas dívidas...*); um ano depois, após ter-se associado a Laurent e a

Barbier para a exploração de uma fundição, o empresário-escritor redige, em parceria com o editor Horace Raisson, alguns "códigos" que esse seu amigo publica, principalmente entre 1827 e 1829, entre eles: *Code de commerce; manuel complet d'industrie commerciale* [Código de comércio; manual completo da indústria comercial] (1829), *Code du littérateur ou du journaliste par un entrepreneur littéraire* [Código do literato ou do jornalista para um empresário literário] (1829), *Code de la toilette: manuel complet d'élégance et d'hygiène* [Código da toalete: manual completo da elegância e da higiene] (1829), *Code galant ou l'art de conter fleurette* [Código galante ou a arte de cortejar] (1829).

Os biógrafos de Balzac parecem concordar com o fato de que ele tinha, no início de sua carreira, a ambição de produzir e divulgar escritos de caráter filosófico ou de teatro, os únicos, na opinião do autor francês, capazes de assegurar alguma notoriedade. No entanto, ele se submete às condições do mercado editorial: o romance ainda não era muito rendoso; e a moda eram os códigos, as artes...

O ano de 1828 caracterizou-se, para Balzac, como aquele de sua derrocada comercial e do importante retorno à redação de romances. Endividado, o peso dos compromissos a serem solvidos, longe de derrotá-lo, funcionou como mola propulsora de sua vasta produção. Seu confesso entusiasmo pela obra de Walter Scott levou-o à redação de romances históricos, dos quais *Os Chouans* (1829) constituiu o primeiro grande sucesso; a *Fisiologia do casamento* (1829), inserida, posteriormente, na linha dos textos de caráter analítico de *A Comédia Humana*, também lhe garantiu, possivelmente em decorrência do aprendizado adquirido com os anteriores e compartilhados exercícios de escrita, a aceitação como escritor de renome. A partir dessas duas publicações, Balzac decidiu abandonar os pseudônimos adotados em seus primeiros escritos – Lord R'hoone e Horace de Saint-Aubain (este último sugerindo uma bastante interessante parceria com Horace Raisson, o coautor do *Code des gens honnêtes*) para assinar, com seu próprio nome, suas novas produções.

Finalmente, relegando ao segundo plano a intrincada questão da autoria de *A arte de pagar suas dívidas e satisfazer seus credores sem desembolsar um tostão*, pode-se afirmar que o texto constitui um documento precioso para a compreensão de algumas facetas da vida social e econômica da França da primeira metade do século XIX. O tom irônico e a mordaz crítica aos valores sociais tornam-no uma leitura bastante pitoresca e, ao mesmo tempo, incrivelmente agradável e sedutora para o leitor do século XXI.

Norma Wimmer
Professora Adjunta de Língua e Literatura Francesa
Instituto de Biociências, Letras e Ciências Exatas (Ibilce)
Unesp – São José do Rio Preto (SP)
Junho de 2011

PREFÁCIO DO EDITOR

O autor de *L'art de mettre sa cravate* [A arte de colocar sua gravata] lança ao mundo uma obra que, embora não seja dele, vai encontrar muitos detratores e talvez atrair muitas perseguições. *"Como?!"*, vai gritar uma multidão de espíritos estreitos. *"Este barão de Empésé* quer transformar em ciência a horrível arte de oferecer belas palavras a um credor honesto, como se estas fossem dinheiro vivo? Mas isso é uma infâmia, uma abominação! Deve-se enforcar um homem como este!"*

Clamores inquietos já escapam dos balcões de todos os negociantes, fabricantes, mercadores e vendedores; pois há alguns que não veem mais longe do que sua

---

* Engomado. (N. E.)

patente, e outros cuja filosofia não tem nem mesmo o tamanho do assoalho de seu estabelecimento.

Ao anúncio deste livro, o medo vai tomar conta do proprietário, do dono de restaurante, do vendedor de limonada, do alfaiate, da vendedora de roupas, do fabricante de botas, do chapeleiro, do artesão de toucas, do mercador de vinho, do padeiro, do açougueiro, do vendedor de temperos etc. etc. e até mesmo do livreiro; todas as pequenas faturas que dormiam profundamente vão acordar em sobressalto o modesto empregado, os homens da moda, o artesão trabalhador e o egoísta que vive de rendas.

É uma tristeza; mas como disseram grandes escritores do século XIX, *a chama das luzes estende-se a cada dia...*[1] *O gênero humano está em marcha...*[2] *A nação francesa não pode retroceder...*[3] *Uns têm demais, outros não têm o suficiente...*[4] etc. Coloquem na cabeça que é tolice raciocinar tão somente sobre essas *especialidades*; é preciso abraçar os grandes interesses

---

1 Senhor Chateaubriand.
2 Senhor de Pradt.
3 General Foy.
4 O tio do autor.

sociais e raciocinar sobre as *generalidades*: o resto vem sozinho, e só parece contrassenso para o quitandeiro!... Mas o que é o indivíduo em comparação com a massa?

Reconhece-se que existe na França, e principalmente em Paris, uma enorme quantidade de indivíduos a quem a sociedade não deve nada, porque não fazem nada por ela, mas nem por isso eles deixam de imaginar que têm direito de fazer exigências de todo tipo, pela única razão de que "é evidente que *uns* têm demais e *outros* não têm o suficiente".[5]

Ora, quais são os indivíduos dos quais quero falar? Homens que se classificam complacentemente na categoria dos *outros*, que não têm outra indústria além de explorar, por assim dizer, pela força, a categoria em que estão os *uns*. Devo, pois, prevenir o leitor de que esta obra não foi escrita para eles, nem para

Uma multidão de homens afogados em dívidas e crimes,
Que pressionam ordens legítimas de nossas leis
E que, desesperando de evitá-las,
Se tudo não fosse mudado, não poderiam subsistir.

---

5 Aforismo do tio do autor.

Em suma, não o foi para esses seres preguiçosos, improdutivos e desavergonhados, gente pouco recomendável em sua maioria, que não só merece desprezo e abandono e vai a toda parte exibindo, aos olhos de um público generoso, um atestado de incapacidade, limitando-se ao triste papel de *consumidor* dependente!...

Repito: não é para essa raça desprezível que esta obra é publicada, mas sim para essa classe de infortunados, deserdados de sua parte da fortuna nacional por uma força maior e independente de sua vontade, indivíduos estimáveis sob todos os aspectos, que possuem todas as qualidades físicas e morais, todos os talentos que encantam a sociedade, homens eminentemente *produtores*, em suma, homens trabalhadores, mas que, não tendo um óbolo de renda anual, são forçados a contrair dívidas para viver de maneira honrada. Homens sérios, de princípios, nem por isso querem deixar de satisfazer seus credores de um jeito ou de outro, e para tanto são obrigados a recorrer a meios inventivos, a esforços de imaginação que deixam muito para trás os trabalhos, as descobertas e as operações de todas as classes reunidas do Institut de France...

Oh, senhores, *produtores* e *consumidores* de todas as classes sem dinheiro; senhores, que antes tinham uma classe e não mais a têm; que procuram uma classe e não a obtêm; que têm; uma que não é de fato uma classe; que escrevem em jornais liberais; que fazem brochuras políticas e livrinhos in-32; que começam uma casa sem saber como a terminarão; que extrapolam e fazem dívidas em Paris; enfim, que fazem como o autor desta obra, quantos títulos não reuniram para que ele ofereça aos senhores o fruto de suas vigílias e meditações!

Nos tempos atuais, vejo-os sujeitos a ir para a prisão de Sainte-Pélagie para passar um, dois, três e quatro temporadas ou, ainda, assinar um contrato de cinco anos!... Tenham, pois, sempre consigo este pequeno *Manual de Direito Comercial*; com este guia, poderão zombar dos mandatos de prisão, de caução, de confisco, dos mandatos que subscreveram em favor de terceiros etc. etc. etc. Poderão passear audaciosamente, sozinhos, nas barbas dos credores, pelas inumeráveis e brilhantes passagens que abundam na capital.

Enquanto ainda são livres, comprem a obra do tio do senhor barão de *Empésé*, leiam, meditem, raciocinem, aprendam de cor, a fim de aperfeiçoar sua educação, se já estiver acabada: a prática junta--se à teoria.

O editor

NOTA BIOGRÁFICA SOBRE MEU TIO

O homem verdadeiramente admirável com o qual entreterei por um instante meus leitores, meu tio, enfim, foi um desses indivíduos privilegiados pela natureza e para os quais a fortuna aprecia operar milagres.

Desde a idade mais tenra, ele soube colocar-se acima dos preconceitos imperiosos que governam a sociedade e que, filosoficamente falando, são apenas *grandes enfermidades morais*, vivendo *de fato* como um homem que tem 50 mil libras de renda, se bem que nunca tivesse possuído *de direito* nem um tostão.

Depois de ter usufruído durante sessenta anos consecutivos de todos os gozos que se permite ao homem desejar e usar, teve um fim digno, soltando o último suspiro num restaurante famoso, cujo proprietário pôde apreciar com frequência suas brilhantes qualidades e o poder de seu gênio.

Meu tio nasceu em Saint-Germain-en-Laye, em 1º de abril de 1761. Não falarei dos primeiros anos de sua infância, que passaram tranquilamente, como a infância de todas as crianças mimadas pela mãe. Minha avó desejava havia muito tempo uma prova de amor de meu avô; ela a obteve depois de dez anos de união, e meu tio foi o primeiro fruto desse compromisso (meu pai só veio ao mundo dez anos depois). Meu avô, tão cego de amor pelo filho quanto sua mulher, não soube distinguir todas as paixões que um dia viriam atacar o coração de *seu tesouro* e, embora fosse um homem espirituoso, não soube dar à sua educação a direção que parecia necessitar.

Ausente de casa durante os nove meses do ano que passava no regimento de Royal-Cravate, onde tinha obtido a patente de major, não podia vigiar o filho e era obrigado a confiar na sabedoria da mulher. Dotado de todas as disposições necessárias para que um dia se falasse dele, *o tesouro* de minha avó tinha também todos os pequenos defeitos exigidos para que se falasse dele no sentido oposto.

Deram-lhe mestres que ele não ouvia, dançava com o professor de Latim, atirava bola no nariz do professor de Dança, colocava pontas de vela nos bolsos do professor de Desenho e rolhas na flauta do professor de Música. Nas curtas viagens que meu avô fazia a Saint-Germain, meu tio pegava a espada dele e a metia no lugar do espeto, depois de enfiar nela o chapéu militar como se fora um assado. Arrancava os pelos do gato e punha bigodes de tinta no canário. Minha avó achava isso encantador; meu avô não podia deixar de rir, tratando todas essas travessuras como bagatelas e dizendo que a idade o corrigiria mais tarde. A idade chegou, e meu tio não se corrigiu. Enfim, as coisas ficaram de tal jeito que, como ninguém conseguia mais ficar na casa, tomaram a decisão de se livrar do *tesouro*. Meu tio tinha então 10 anos.

Ele entrou para o colégio Louis-le-Grand, em Paris, onde, durante os quatro primeiros anos, fez progressos sensíveis e utilizou da melhor maneira possível os preciosos benefícios que tinha recebido da natureza. Se não era o melhor da classe em versão, era o melhor na bola; brigava duas vezes por dia, era posto a pão seco cinco vezes por semana, recebia 25 varadas no fim do mês, e ganhava dois prêmios e meia dúzia de *prêmios de consolação* no fim do ano; minha avó ficava encantada.

No mês de agosto de 1777, meu avô, estando em Saint-Germain, veio a Paris com a intenção de levar o filho para passar parte das férias com ele no regimento. Ele chega ao colégio, já se alegrando para vê-lo; manda chamá-lo... O rosto do diretor se aflige... sua fisionomia ganha um ar sombrio... ele balbucia... então meu avô fica sabendo que seu caro filho desapareceu há quinze dias, assim como a filha da lavadeira, e que não se sabe para onde foram. Meu tio tinha acabado de completar 16 anos.

Meu avô evitou contar essa escapada para sua mulher. Foi procurar o senhor De Sartines, que lhe pediu para voltar à noite. Enquanto isso, meu tio foi descoberto com sua pequena lavadeira num quarto mobiliado da Rua Fromentau, onde se refugiara. O pai o trouxe de volta a Saint-Germain, sem lhe fazer nenhuma censura; e, desde então, ficou decidido que, como estava avançado o bastante nos estudos, poderia dispensar a escola e terminá-los na casa paterna.

O programa de estudos que meu tio cumpria era muito agradável. Todas as manhãs, ele jogava tênis ou bilhar, ia ao baile à noite, conhecia muitas pessoas, que levava à casa da mãe para beber o melhor vinho do pai, extenuava os cavalos, quebrava os carros de quem os emprestava a ele e devia a todo mundo.

Entre a primavera e o outono, ia para o campo, atirava nos cachorros e algumas vezes até nos guardas de caça, depois de engravidar suas mulheres. Matava toda a caça e tomava dinheiro emprestado de todos os proprietários da vizinhança. No inverno, envolvia-se em um duelo por semana e era preso todos os meses.

Foi então que meu avô resolveu mandá-lo viajar para tentar acalmar uma cabeça que, dizia ele, só precisava refletir. Ora, como as viagens são muito adequadas à reflexão, meu tio foi enviado para as Águas de Bagnères, que na época era o local de encontro de tudo o que havia de mais distinto.

Lá, tornou-se o organizador de todas as festas, a alma de todos os prazeres. Aqueles que estavam lá nessa época (1784) ainda se lembram da sala de espetáculos que ele construiu em duas horas, em Lourdes, onde dias antes tinha chegado uma trupe de atores de província com a intenção de continuar seu caminho até a capital, com a pouca receita que contava tirar dos rústicos habitantes, gratificando-os com duas ou três apresentações.

Na falta de outro local para estabelecer seu teatro, meu tio escolheu um vasto hangar pertencente a um fabricante de selas, que o colocou à disposição com a condição de que não tirassem dali seus carros. Ele encontrou um meio de conciliar tudo: desmontou os carros, arranjou-os em semicírculos e compôs com eles uma fila de camarotes de um gênero absolutamente novo. Uma carroça grande, com as portas abertas, que antes tinha pertencido ao arcebispo de Toulouse, era o camarote de honra, e duas belas diligências, nas extremidades da orquestra, figuravam os camarotes de boca. Uma segunda fila de camarotes da mesma espécie elevava-se sobre os carros, e todas as selas, penduradas em varas perpendiculares ao teatro, formavam uma plateia em que os espectadores ficavam montados. Nunca espetáculo mais grotesco excitou risos mais imoderados.

No ano seguinte, meu tio voltou a Saint-Germain com uma perceptiva mudança em sua personalidade. Se havia ganho de um lado, havia perdido de outro, pois trouxe dessa viagem um gosto pronunciado pelo jogo, ao qual se entregou de tal maneira que meu avô alienou sua pequena fortuna para quitar as numerosas dívidas que o filho tinha feito.

Foi nessa época (1787) que meu tio perdeu o pai. Ele morreu em consequência de uma queda de cavalo: minha avó logo seguiu o marido. Meu pai, embora dez anos mais jovem que o irmão, porém muito mais ajuizado, foi encarregado pelo conselho de família de tocar a questão da herança, se bem que ainda não fosse maior de idade. Meus avós deixaram muito pouca coisa para os filhos, e embora meu tio já tivesse recebido seis vezes o valor do que poderia herdar, meu pai não deixou de dividir com ele os 12 mil francos da herança.

A revolução acabara de estourar, e meu tio, que já se fizera notar pela violência de suas opiniões monárquicas, achou que era melhor se expatriar num momento em que qualquer um que fosse considerado do *partido da corte* devia temer por sua vida. Uma razão não menos forte é que não lhe restava mais nada e, estando habituado a viver com abundância e já tendo esgotado seu crédito, ele não conseguiria nem um tostão emprestado.

Tomou a decisão de retornar a Águas, onde esperava pôr em prática os inúmeros recursos que o jogo podia lhe oferecer. Deixou, pois, Paris no mês de maio de 1789 e foi para Bagnères, onde modestamente se fez passar por um jovem banqueiro de Hamburgo, apesar de nunca ter obtido um tostão com sua assinatura; mas ninguém parecia entender melhor do que ele as grandes especulações comerciais; ouvindo-o, parecia que tinha relações com todas as praças da Europa, e sempre mantinha na boca o nome dos mais famosos negociantes. Era com naturalidade que falava das imensas operações que realizara nas últimas feiras de Frankfurt e Leipzig, e a única coisa que não se podia conceber, depois de ouvi-lo bem, era que algum soberano da Europa ainda não lhe tivesse confiado a administração de suas finanças, e que ele viesse perder em Águas um tempo que poderia empregar de modo tão útil para a prosperidade de seus concidadãos.

Certa vez, ele encontrou uma maneira de persuadir um príncipe russo de que uma de suas terras na Sibéria possuía uma série de minas de mármore cuja exploração renderia vários milhões. Fecharam juntos um negócio pelo qual meu tio, pouco tempo depois, cedeu a mina pela soma de 50 milhões a um negociante de Florença, que foi para a Rússia e gastou 600 mil francos para explorar a pretensa mina de mármore, mas dela não conseguiu tirar nem o bastante para comprar um tampo de criado-mudo.

Em 1796, meu tio voltou para Paris, onde se lançou nos negócios. Arranjou um emprego de fornecedor do Exército na Itália e, em 1799, era um dos fornecedores gerais de Pichegru na Holanda.

No espaço de oito anos, ele fez, perdeu, refez e torrou quatro vezes a sua fortuna. Enfim, um dia confessou a meu pai que não possuía, naquele momento, um luís,[1] ao mesmo tempo propondo-lhe apostar mil que voltaria de Spa, onde contava passar a estação das águas, com 50 mil francos no bolso; meu pai teria perdido a aposta, e meu tio teria ganho.

Durante quinze anos, meu tio não teve outra existência do que a que tirava do talento para o bilhar, a canastra e outros jogos aos quais só se lançava

---

1 Antiga moeda francesa. (N. E.)

nos lugares mais frequentados de Águas, ou em Paris, no pavilhão de Hanovre e em outros estabelecimentos do gênero. Sua sorte era tão constante que alguém poderia ficar tentado a acreditar que de vez em quando havia ali uma boa dose de habilidade. Mas a prova de sua boa-fé estava na ponta de uma espada ou no cano de um revólver, e meu tio a administrou tantas vezes com sucesso que acabou por convencer todo mundo sem persuadir ninguém.

Entretanto, chegou o dia em que iria ver acabar o sonho de felicidade que já durava mais de quarenta anos. Era 1821, ele tinha voltado das Águas de Plombières, onde passara a estação precedente, e dessa vez voltou sem um tostão furado. Obrigado a alugar um pequeno quarto mobiliado na Rua Saint-Nicolas d'Antin, quis repetir o tipo de indústria que exercera tão bem em Paris e em outros lugares. Mas, infelizmente, ele não tinha mais no bilhar a precisão do golpe de vista que nunca o deixou errar a bola, nem mesmo as *bolas a distância*; no carteado, ele não *virava* mais a carta do rei com tanta frequência; na imperial, seus adversários *se saíam* melhor que ele; e na canastra, as mãos lhe tremiam quando tinha de *bater as cartas*.

Se a estrela de meu tio começou a empalidecer em Plombières, ela se eclipsou totalmente em Paris.

Seria impossível descrever a profunda tristeza que de repente tomou conta do homem que sempre era visto rindo dos acontecimentos mais tristes da vida. Depois de uma partida de carteado em que perdeu tudo, e foi *picado em quatro*, três vezes seguidas, a febre atacou-o na manhã seguinte, e o dono do quarto tomou a sua mala, que continha tudo que ele possuía de roupa de cama e de vestir, e até um magnífico taco de bilhar que ele tinha ganho de um famoso marceneiro da capital, como para ter nas mãos uma hipoteca do que lhe era devido, tanto em aluguel quanto em alimentação.

Meu tio não pôde suportar esse último golpe e, desde esse momento, sua doença, que não era outra senão um esgotamento total da máquina humana, tanto física quanto moral, piorou de maneira realmente alarmante para ele e para seus credores. Tendo esgotado todos os tipos de recursos, deixou-se bravamente conduzir por um fiacre ao Hospital de Caridade, onde esperava ser tratado com privilégios. Posto que a oitava parte de tudo que se perdia no jogo era revertida para essas instituições, assim como a quinta parte de todos os bilhetes vendidos nos espetáculos, depois de quarenta anos ele tinha preparado bem a sua cama no hospital, e era caso de *devolver* o que tinha sido *emprestado* etc.

Com efeito, ele deu entrada no hospital em 3 de janeiro de 1822, com os bolsos cheios de paciência e filosofia. Quanto ao seu amor-próprio, ele o deixou prudentemente à porta, com o risco de não mais encontrá-lo ao sair. Durante o ano que durou sua doença, eu lhe prodiguei todos os consolos que estavam ao meu alcance. Ia vê-lo sempre, e nos dias em que não podia absolutamente deixar minhas ocupações, ele passava o tempo escrevendo e (dizia ele) *colocando seus papéis em ordem*, sentindo bem que tinha chegado ao fim de sua carreira. Talvez em outra ocasião eu venha a publicar essa correspondência, que não é menos picante que instrutiva, dada a originalidade das observações de todos os gêneros com que é recheada.

Foi na *Caridade* que meu tio compôs o erudito tratado que hoje ofereço ao público.

No fim daquele ano (começo de dezembro), estando em condições de sair, deixou o Hospital de

Caridade para compartilhar comigo minha modesta casa. Aí, entregou-se inteiramente a esse triste pensamento de que seria forçado a decretar falência neste mundo e aos seus credores. Realmente, meu tio podia ter escrúpulos com o gasto de 50 mil francos (mais ou menos)[2] que tinha tirado todos os anos de seus concidadãos? Sem dúvida que não. Por isso, ele viu aproximar-se o momento fatal sem temor. Mas como queria morrer em paz e com a consciência tranquila, empregou seus últimos dias de vida cosmopolita para procurar seus inúmeros credores, com a intenção de lhes declarar pessoalmente sua penosa falência. Eram 222 credores. Convocou-os definitivamente para um encontro em 19 de maio, no restaurante Gillet, na Porta Maillot, num salão de quatrocentos lugares. A maioria ignorava o que meu tio queria. Mas eram tais a estima e a admiração pelo gênio inventivo do qual ele tinha dado provas palpáveis com muita frequência nos dias de sua fortuna reluzente que nenhum deles faltou ao encontro.

---

2 Esses 50 mil francos são aqui tomados como média.

Meu respeitável tio foi conduzido em fiacre, pois, não tendo forças nem mesmo para andar, era impossível para ele fazer essa caminhada. Ao chegar ao local da reunião, mandou preparar uma espécie de estrado com uma cadeira, na qual ele devia se sentar para discursar aos convidados, depois uma primeira fileira de cadeiras em volta e uma segunda fila organizada sobre as mesas que ele tinha mandado colocar lá para isso, recordando sem dúvida a sala de espetáculo que ele tinha improvisado em Bagnères, havia quarenta anos. E quando todos os credores se reuniram e se acomodaram, ele se sentou no meio deles com calma e dignidade. Depois, começando por desculpar-se da fraqueza de sua voz, que após a saída do hospital quase não lhe permitia se fazer entender distintamente, recolheu-se como para trazer à memória velhas e importantes lembranças, e fez mais ou menos este discurso:

Senhores...

[*Grande movimento de atenção, seguido de um profundo silêncio.*]

O grande livro da vida vai se fechar para mim. Minha conta nesse livro está aberta há sessenta anos. Não cabe nem a vós nem a mim fazer o seu balanço; esse cuidado está reservado apenas a Deus, que até hoje manteve em dia o livro diário de todos os meus pensamentos e ações. [*Um velho usurário faz aqui o sinal da cruz.*] Eu já o vejo prestes a fazer a terrível soma dessa imensa conta-corrente e temeria saber de quanto elas me farão seu devedor, se seu crédito, assim como sua bondade, não fossem infinitos.

A esse tocante exórdio, os lenços dos 222 credores de meu tio saíram dos bolsos e foram para seus olhos, dos quais pareciam rolar algumas lágrimas de enternecimento. Meu tio aspirou uma pitada de tabaco e continuou:

Se não me é dado contar com o Criador, ele pelo menos me deixou a força e a coragem necessárias para pagar a cada um de vós antes de minha morte, pois sinto que já soou minha última hora [*ouvem-se alguns soluços*]. Eis meu diário, meu grande livro, meu caderno com os prazos de pagamento, meu repertório organizado em ordem alfabética; eles estão conferidos, numerados e ordenados, segundo o costume de um homem que, fazendo somente negócios corretos, deve levar em conta, desde o primeiro dia de sua gestão até o último, as suas mais ínfimas operações.

Os olhos de todos os credores cravam-se então numa papelada que meu tio tivera o cuidado de não lhes mostrar de perto.

Cada um dos senhores encontrará escrito aqui o saldo do que lhe cabe na totalidade, capital e juros reunidos [*aqui, mais lágrimas de enternecimento*]. Mas, senhores, vocês se enganariam se pensassem que, como nas balanças comuns de negociantes credenciados, há aqui um *ativo* e um *passivo* [*grande movimento de atenção*]. Não, senhores. Não. Eu só tenho a apresentar aos senhores o passivo [*movimento em sentido oposto*].

Entretanto, não tenham medo de receber 10%, 20% ou mesmo 40% do que é tão legitimamente devido aos senhores [*a atenção redobra*]. Sou incapaz de tal baixeza; isso seria uma canalhice, e eu preferiria não vos dar nada. Assim, foi o que decidi, e os senhores não receberam nem um tostão.

[*Espanto geral, seguido de um murmúrio de reprovação.*]

Algumas vozes: *Escute, escute!*

Aqui meu tio assoa o nariz, bebe um gole de água com açúcar e retoma imediatamente com calma e confiança:

Sim, senhores, escutem!... Meu pai, quando morreu, deixou-me como única fortuna apenas algumas brochuras manuscritas que indicavam um grande número de aperfeiçoamentos que deveriam ser feitos no sistema financeiro vigente na França... Pergunto aos senhores: eu poderia viver delas?

Aprovação no centro; um negociante de secos e molhados: É muito justo.

Tive então esta grande ideia do *crédito*, e descobri que ele só se baseava e se estabelecia de maneira sólida segundo a fidelidade que se prestava de nunca pagar suas dívidas. [*Oh! Oh!*] Eu fiz servir os senhores de prova dessa importante descoberta. [*Agitação.*] Se ela deixa-lhes a menor dúvida a esse respeito, eu os convido a dar uma olhada em seus documentos, nos quais os desafio a encontrar a mais ligeira nota endossada por mim. [*A agitação redobra.*] Ignoro ainda se depois devem se contentar pela minha descoberta.

[*Iesitação acentuada.*] Mas sempre considerei um dever, até os últimos momentos de minha existência política e social, administrar meus empréstimos às vezes forçados, e isso não temo confessar, de tal modo que, no dia de minha morte, as somas que recebi estivessem divididas entre um bom número de cabeças, e de preferência sempre entre os mais ricos. [*Aprovação geral, exceto do velho usurário.*]

Mas, senhores, o que é essa perda em comparação com aquela que será imposta a vocês inevitavelmente pelo miserável sistema de finanças que lhes foi apresentado nos últimos tempos? [*Silêncio no centro, gargalhadas à esquerda e à extrema direita.*] Uma verdadeira bagatela, se comparada às imensas vantagens que poderão usufruir do novo sistema de crédito, empréstimo e amortização que acabo de lhes revelar. Encarreguei meu sobrinho de desenvolvê-lo, redigi-lo e publicá-lo para o bem comum de todos e para trazer ao Estado uma nova fonte de prosperidade, descoberta pelo meu exemplo.[3]

[*Sinais ruidosos de desaprovação.*]

Ei! Senhores, se eu quisesse me estender sobre o bem que fiz a vocês e que posso ainda fazer, será fácil provar que são ainda meus devedores, mas prefiro me separar dos senhores com a ideia consoladora de que estamos todos perfeitamente quites.

Uma voz: *Essa já é demais!*

Termino, senhores. Queiram, para isso, prestar-me toda a sua atenção. [*Profundo silêncio.*] Servi de exemplo

---

3 O senhor barão do Empésé cumpriu escrupulosamente as últimas vontades de seu tio.

ao rico; ajudei o pobre; de certo modo, apenas transferi alguns de seus imensos capitais para levá-los aos pontos em que eles encontraram bom emprego. Comecei a operar o nivelamento das montanhas de ouro que a fortuna elevou em torno dos senhores: ela era cega até então, e eu, por assim dizer, operei a catarata. Minhas memórias farão o resto... [*Murmurinho geral.*]

Meu tio, após essas palavras, enterrou-se na poltrona, esgotado pelos esforços que acabara de fazer para provar a seus credores, de uma maneira se não vitoriosa, pelo menos positiva, que eles deviam se sentir felizes por não lhes dever mais ainda.

É verdade que o fim, tão inesperado, desse discurso produziu na assembleia uma mistura de sentimentos opostos. Uns queriam estrangulá-lo; outros eram movidos somente por sentimentos de êxtase e admiração.

Pouco a pouco, essa massa de credores começou a partilhar os mesmos sentimentos de generosidade, e cada um foi depositar aos pés do estrado, sobre o qual duas senhoritas da sala do senhor Gillet se ocupavam em fazer meu tio voltar de um desmaio, *os bilhetes, as cartas de câmbio, as procurações, as notas pagáveis com quitação de conta* etc. etc. que esse digno cidadão tinha assinado a seu favor durante mais de quarenta anos.

Depois que ele recobrou os sentidos, e percebeu o molho de bilhetes e papéis timbrados depositados de comum acordo aos seus pés, não conseguiu resistir ao efeito repentino de alegria que lhe causou ver tudo aquilo reunido. Fazendo um novo esforço sobre si mesmo, levantou o troféu com as mãos vacilantes, como para mostrá-lo ao universo, e, reunindo todas as suas forças, gritou: "Eu só peço a vocês uma coisa, por gentileza!... Senhores, prometam comprar minha obra tão logo ela seja impressa". Todos juraram que sim, e ele deu o último suspiro em meus braços.

A perda inesperada de um homem de bem é um dos mais tristes acontecimentos que podem afligir a sociedade e seus credores, quando ele os tem. A de meu tio foi apreciada sobretudo por um vendedor de mármore, empresário de monumentos fúnebres. Por isso, com uma eloquência que partia do coração somente, ele se apressou em prometer fazer uma pequena subscrição para erguer um túmulo modesto e assim perpetuar a memória de um homem de

gênio. Tanto uma coisa quanto outra foram imediatamente realizadas, e meu bom tio foi enterrado no
Cemitério de Mont-Parnasse, que, a bem dizer, ele
estreou pessoalmente no dia 22 de maio de 1823.
Todos os seus credores o acompanharam até sua
última morada.

Poucos dias depois, uma pedra tumular cobriu
seus despojos mortais, sobre a qual se pode todos os
dias ler esta simples, mas tocante inscrição, inspira-
da tanto pelo reconhecimento quanto por uma justa
admiração. O epitáfio foi gravado em caracteres
lapidados pela mão do mesmo marmorista virtuoso:

AQUI JAZ

O INVENTOR

DE

A ARTE

DE PAGAR SUAS DÍVIDAS

E

SATISFAZER SEUS CREDORES

SEM DESEMBOLSAR UM TOSTÃO.

22 DE MAIO DE 1823.

DESCANSE EM PAZ.

Aforismos,
Axiomas e pensamentos novos

dos quais não poderíamos nos compenetrar sem antes
estudar as diversas teorias ensinadas por meu tio.

I.

Quanto mais se deve, mais crédito se tem; quanto menos credores, menos recursos se têm.

II.

Qualquer um que não faça crédito deve infalivelmente ir à bancarrota, porque quanto mais se faz crédito, mais se debita, quanto mais se debita, mais se fazem negócios, quanto mais se fazem negócios, mais se ganha dinheiro.

III.

Fazer dívidas com pessoas que não têm o bastante é aumentar a desordem, é multiplicar os infortúnios; dever para pessoas que têm demais é, ao contrário, compensar as misérias e tender para o restabelecimento do equilíbrio social.

IV.

Qualquer pessoa de princípios deve pagar suas dívidas quando as tem, de uma maneira ou de outra, quer dizer, com dinheiro ou sem dinheiro.

V.

Um credor mal-educado, violento até, que só lhe responde com tolices às razões que o senhor alega quando são boas, mesmo ele só agindo assim, remeta-lhe, sem duvidar, uma quitação em boa forma da soma que pode dever-lhe.

VI.

No melhor dos governos possíveis, uma nação, por maior que seja, qualquer que seja, divide-se sempre em dois partidos opostos.

A saber:

Primeiro partido: indivíduos *que lesam*. É o partido mais forte.

Segundo partido: indivíduos *lesados*. É o mais numeroso.

Deixo ao leitor a escolha de abraçar aquele que lhe parecer preferível, não podendo optar por um partido neutro ou misto (como na política), porque, em nossa acepção, tal partido não pode existir.

VII.

A população de um império ou de um reino compõe-se igualmente de apenas duas classes: a dos *produtores* e a dos *consumidores*.

Os *produtores* não são outros senão os *credores*; os *consumidores* são os *devedores*.

Ora, se não houvesse *consumidores*, os *produtores* seriam inúteis. São, pois, os *consumidores* que fazem viver os *produtores*. Resulta daí que um produtor (*credor*) deve ainda obrigações ao consumidor (*devedor*) por não lhe pagar o que lhe deve, já que, se este não lhe devesse nada, aquele morreria de fome.

VIII.

Se o esplendor de um Estado está sempre na proporção da massa de suas dívidas (veja-se a Inglaterra), raciocinemos por analogia em relação aos indivíduos?

IX.

Se a *propriedade* só existe porque existe *proprietário*, qualquer um que venha ao mundo tem direito a uma propriedade qualquer.

X.

É evidente que o mundo se compõe de gente que tem demais e gente que não tem o bastante; cumpre a vós restabelecer o equilíbrio no que vos concerne.

XI.

É melhor dever 100 mil francos a uma só e mesma pessoa do que dever mil francos a mil pessoas.

XII.

O número de indivíduos atrapalhados porque têm muito dinheiro e não sabem o que fazer com ele é igual ao número de indivíduos atrapalhados porque não sabem o que fazer para ter um pouco de dinheiro.

XIII.

Entre os que devem, apenas os que começaram a pagar foram para a prisão de Sainte-Pélagie; evita-se mandar para lá quem, depois de muito tempo, ainda não pagou nada.

XIV.

Qualquer um que tenha *bom pé* e *bom olho* não pode ser privado de sua liberdade, a não ser que ele mesmo o queira.

XV.

Existem no mundo apenas dois flagelos dos quais nenhum poder pode salvá-lo: a peste e os oficiais de justiça.

XVI.

Suicidar-se por não poder pagar suas dívidas, embora se tivesse intenção de fazê-lo, é, de todos os meios a empregar, o mais tolo. Se é verdade que devemos a um credor, devemos viver para ele, e não morrer.

XVII.

... O que está no bolso dos outros estaria bem melhor no meu!... Saia daí que vou passar... Esse é, em poucas palavras, o fundo da moral universal.

Primeira lição
Das dívidas

Impossibilidade de não ter dívidas. – O que é que se entende pela palavra dívidas. – Suas diversas naturezas. – Seu número, sua qualificação e seus significados, ensinados por meu tio. – Mont-de-Piété.[1]

"Quem é o felizardo do século", dizia habitualmente meu tio, "que durante trinta anos, através e em consequência de apólices, mandatos, derrota política e bancarrota (cujo primeiro exemplo foi dado pelo Estado), emigrações, confiscações, requisições, apreensões, expulsões e invasões que destruíram todas as fortunas, pôde sempre dizer: *Não devo nada?...* Qual nação, assentada hoje sobre montes de ouro, poderia dizer: *Nunca seremos devedores?...* Eu disse, e

1 Casa de penhores. (N. T.)

terei muitas ocasiões de repetir, que a França mesmo, por mais rica que seja, compõe-se de apenas duas classes: a dos *devedores* e a dos *credores*, ou, em outras palavras, de *produtores* e de *consumidores*." Mas voltemos ao assunto principal que deve me ocupar, explicando de maneira mais clara e precisa o que se entende por *dívidas*, examinando essa palavra em todas as suas acepções.

Esse termo, tomado em seu verdadeiro sentido, significa o que se deve a alguém. Entretanto, algumas vezes também se entende por *dívidas* o que nos é devido; nesse caso, trata-se então de um *título*. Para evitar essa confusão, distingue-se uma infinidade de naturezas de dívidas, e darei aqui a explicação de seus termos.

Todos aqueles que podem assumir obrigações podem contrair dívidas; donde se segue que, por um argumento em sentido contrário, aqueles que não podem assumir obrigações de modo válido não podem contrair dívidas. Assim, menores não emancipados, filhos que ainda não atingiram a maioridade e mulheres em potencial de maridos não podem contrair nenhuma dívida sem autorização daqueles sob cujo poder estão, ou seja, de seus curadores ou tutores, de seus pais ou de seus maridos.

Podem-se contrair dívidas verbalmente e por toda espécie de atos, como por ordens de pagamento ou obrigações, sentença ou julgamento.

As causas por que se podem contrair dívidas são todas o objeto por que se pode contrair obrigação, como moradia, alimentação, vestuário, locação, empréstimo, adiantamentos etc. etc.

Nossa jurisprudência reconhece 26 naturezas de dívidas qualificadas, como se segue, e que meu tio interpretou do seguinte modo.

A SABER:

1ª DÍVIDA ATIVA. É considerada em relação ao credor, ou melhor, é a própria dívida. Assim, a dívida com um dono de restaurante em cujo estabelecimento se come há *muito tempo* e a quem se deve, desde a *mesma época*, deve ser considerada uma dívida ativa.

O termo *dívida ativa* deve ser oposto ao de *dívida passiva*, que é mais ou menos a mesma, com a diferença, porém, de que é preciso entender por *dívida ativa* a quantia que se deve por ter comido sem pagar até o presente momento, e por *dívida passiva* o dinheiro que se ficará devendo em seguida, se continuarmos a comer no lugar de preferência e, como no passado, não pagar.

2ª DÍVIDA ANTIGA: em matéria de hipoteca, é a que precede as outras. De todas as espécies de dívida, é a mais difícil de contrair, porque é a primeira, mas também é a mais fácil de quitar, pela razão de existirem oito maneiras de amortizar sem pagar nada, como provaremos mais adiante.

3ª DÍVIDA ANUAL: é a que se renova a cada ano, como um rendimento, uma pensão, uma herança de soma pagável todos os anos, e que não se paga na renovação do ano ou do ano expirado, prometendo-se pagar o dobro no ano seguinte e sempre por diante, progressivamente; é o que se chama em Direito de *debitum quot annis.*[2]

4ª DÍVIDA CADUCA: é a que não tem nenhum valor para o credor e em relação à qual ele não tem ne-

---

2 Do latim: "Dívida anual". (N. E.)

nhuma esperança: deve-se procurar ter dívidas apenas desse tipo, e de preferência com os outros.

5ª DÍVIDA CLARA: é aquela cujo objeto é certo e significa que o montante da dívida é fixo, conhecido e determinado. Por exemplo, dever três aluguéis ao proprietário é contrair com ele uma *dívida clara*. Se chegar a lhe dever o quarto aluguel, o senhorio está *claramente* pago nos termos da lei.

6ª DÍVIDA CONDICIONAL: é a que é devida sob condições. Por exemplo: *Eu lhe pagarei se receber dinheiro*; se não se recebe nada, não se tem nada a pagar. Nos termos da jurisprudência: *Si navis ex Asia venerit*, o que significa: *Na chegada do barco a vapor*.

7ª DÍVIDA CONFUSA: é aquela cujo direito incide sobre alguém que é ao mesmo tempo credor e devedor do mesmo objeto e, consequentemente, credor e devedor do mesmo indivíduo, de modo que, se nem um e nem outro não conhecem nada da natureza da dívida, se um deles vem a *confundir* um pouco os títulos ou mesmo as razões sobre as quais se baseia a dívida, ele realiza a amortização.

8ª Dívida duvidosa: é a que positivamente não está *caduca*, mas cujo reembolso não é certo. É uma espécie de promessa *periódica mista* da parte do devedor.

9ª Dívida extinta: é a que não se pode mais exigir, seja porque foi amortizada, seja porque não se pode mais mover uma ação para ter o pagamento. É o que se chama, nos termos da jurisprudência, de *prescrição*.

10ª Dívida exigível: é aquela cujo pagamento pode ser exigido nos tribunais competentes, sem espera de nenhum prazo nem existência de nenhuma condição.

As ordens de pagamento, as letras de câmbio, as procurações e toda espécie de obrigações aceitas por escrito podem ser classificadas na categoria de *dívidas exigíveis*.

Qualquer pessoa que contraia uma dívida dita *exigível* perturba de alto a baixo as bases sobre as quais se funda seu crédito.

11ª Dívida legal: é aquela a cujo reembolso se está obrigado e, em seguida, forçado pela lei. O caso previsto na oitava maneira de quitar suas dívidas é talvez a única praticável para realizar a amortização.

12ª DÍVIDA LEGÍTIMA: entende-se por uma dívida que tem uma causa justa e de modo algum usurária.

Por exemplo, eu tomo emprestada uma nota de mil francos de um amigo íntimo que conheci na véspera, com a promessa de devolvê-la no dia seguinte; ele a empresta sem *juros* de sua parte, assim como sem *recibo* da minha; eu não o pago, apesar de ele ter mandado me cobrar várias vezes, apesar de eu ter contraído com esse amigo apenas uma dívida legítima de reconhecimento; quito minha dívida com reconhecimento, embora essa moeda não tenha valor na praça: ele se vê forçado a contentar-se com ela.

13ª DÍVIDA ILEGÍTIMA: eu não a reconheço como real.

14ª DÍVIDA LÍQUIDA: é aquela em que o preço do objeto é fixado de antemão. Por exemplo, todas as dívidas de café são *dívidas líquidas*.

15ª DÍVIDA NÃO LÍQUIDA OU DÍVIDA SÓLIDA: é aquela cujo objeto não é fixado irrevogavelmente. Por exemplo: o senhor tem a intenção de dividir a quantia de 3 mil francos entre três credores, mas não sabe que montante líquido chegará à memória de cada um deles; para que essa divisão seja proporcional, o senhor precisa esperar que eles lhe devolvam suas faturas. Ora, essa é uma *dívida não líquida*. As dívidas contraídas com um alfaiate devem ser sempre classificadas nessa categoria, porque só se sabe realmente o que se deve muito tempo depois que ele lhe fizer a roupa. Essa é a *dívida não líquida* ou *sólida* propriamente dita.

16ª DÍVIDA LITIGIOSA: é a que está sujeita a contestação. Um vendedor de tecidos me vende Elbeuf como se fosse Louviers; embora o preço seja o mesmo, não deixa de ser uma dívida litigiosa.

17ª DÍVIDA PESSOAL: são todas pessoais quando se pode pagá-las *com dinheiro*. Caso contrário, não existe nenhuma dívida.

18ª DÍVIDAS PRIVILEGIADAS: são aquelas que se devem pagar, de preferência, quando se está reduzido a esse extremo.

19ª Dívida própria: é uma dívida particular de 100 mil francos no mínimo e 2 milhões no máximo. Passada essa quantia, a dívida entra na categoria das *dívidas nacionais*. Uma *dívida própria* como *dívida nacional* não obriga o devedor a nada.

20ª Dívida pura e simples: é simplesmente comprar, pegar, alugar, emprestar ou consumir sem pagar. Esse tipo de dívida é uma verdadeira banalidade.

21ª Dívida real: é aquela que não tem nada de simulado, uma letra de câmbio, por exemplo.

22ª Dívidas sujas: são dívidas de sapateiro. Essa dívida, para conservar a qualificação, não deve ultrapassar 2 francos e 25 centavos, preço de um par de remendos.

23ª Dívida simulada: é aquela que se contrai em *aparência*, mas quase sempre acaba se tornando realidade, como, por exemplo, tomar emprestada a assinatura de um amigo com a promessa da parte dele de pagar no vencimento.

24ª Dívida de sociedade: é quando se pede emprestado ao vizinho, depois de ter perdido 10,

20 ou 25 napoleões no carteado para continuar jogando contra ele.

25ª Dívida prescrita: é uma dívida contraída antes da maioridade. Só se pode pagá-la depois da morte, se for o mais conveniente.

26ª Dívidas usurárias: são aquelas em que o credor emprestou dinheiro a 48% ou qualquer outra taxa mais alta que a permitida por lei.

Um homem de princípios não pode, decentemente, aceitar um dinheiro que lhe emprestariam, em troca de sua assinatura, a mais de 48% por ano, pela razão de que a administração mui filantrópica do Mont-de-Piété, que só empresta contra uma garantia no mínimo cinco vezes maior do que o valor adiantado, contenta-se com a metade, quer dizer, 24%, com todas as despesas incluídas, sem que se tenha de temer uma ordem de prisão, o que não é pouca coisa. Vou falar disso na nona lição.

Segunda lição
Da amortização

Princípio. – Verdade. – Preconceito. – Modos diversos de pagar ou quitar dívidas de qualquer natureza que sejam. – Da prescrição. – Meio legal ensinado pelo Código. – Perigo dos adiantamentos. – Carta do meu tio. – Efeito prejudicial dos reembolsos em dinheiro. – Satisfação dos credores.

Em princípio, o senhor deve transformar todos os seus credores em amigos que o amam de verdade, e que provem isso continuando a lhe fornecer crédito. Faça de tal modo que se interessem, mais que todos os outros, pela conservação de seus dias, que se preocupem se contraiu uma gripe, mesmo que seja um resfriado, e que tremam se acontecer de o senhor pegar uma pneumonia.

Se por acaso senhor se lembra de pagá-los, ou de dar-lhes apenas um adiantamento em dinheiro, vai desinteressá-los por completo, verá que eles mudarão a terna solicitude por uma profunda indiferença. Se acontecer de o senhor fazer um pagamento, uma ordem de pagamento, uma cautela qualquer, ao encontrar um de seus amigos íntimos, ou estando num lugar onde se fala do senhor, eles nem mesmo pedirão notícias suas. O dinheiro que o senhor poderia lhes dar imediatamente os transforma em seres frios ou indiferentes. Tudo que posso aconselhar-lhe, nesse caso, é que prometa pagar-lhes pura e simplesmente, sem designar um prazo fixo. Dessa maneira, manterá neles esses afetos doces que são o encanto da vida e aumentam, mais ainda, o crédito que se pode ter.

Há uma verdade incontestável que meu tio omitiu em seus pensamentos: é melhor não ter nem um tostão do que não ter crédito.

Entretanto, existe um preconceito muito enraizado: cedo ou tarde, acaba-se sempre por pagar. Eis o que arruína os *consumidores*, pois, assim que se paga, não se tem mais crédito. Comece por não pagar e acabe também por não pagar, e verá que tenho razão. Se aos 20 anos goza de um crédito de 20 mil francos, se seguir sempre esse método, esteja certo de que terá um crédito de 100 mil francos quando chegar aos 40.

De qualquer modo, as dívidas podem ser quitadas ou amortizadas de oito maneiras diferentes.

A SABER:

1ª Pelo pagamento.

Esse é, sem sombra de dúvida, o modo mais simples de quitá-las, mas, se seguirmos esse método, a obra de meu tio se torna inútil.

2ª Pela compensação de uma ou várias dívidas, com uma ou várias outras.

Essa espécie de amortização, muito vantajosa para o devedor *que raciocina*, chama-se *embrulhada* [*d'embrouillage*].

3ª Pela renúncia *voluntária* do credor.

Eu observaria somente que isso quase nunca acontece *voluntariamente*.

4ª Pela confusão que se faz entre as qualidades do credor e do devedor em uma mesma pessoa.

O tempo e a paciência são as únicas moedas com as quais esse tipo de dívida deve ser quitada.

5ª Por uma consignação válida.

Mesma reflexão feita para a primeira opção.

6ª Por *um atestado de recusa definitiva* ou *prescrição*.[1] Esse método é tão bom que lhe dedicaremos adiante algumas reflexões.

7ª Por liberação obtida na Justiça.

Meios prejudiciais, que nunca deve tentar, pois, supondo que não obtenha ganho de causa, a Justiça institui-se sua *credora* e será forçado a suportar o que ela quiser, ou mais ou menos isso, a não ser, é claro, que as coisas se passem na Normandia.

8ª Enfim, pela morte do devedor; todavia, após ter sido reconhecido e declarado insolvente ou,

---

1 *Atestado de recusa definitiva* significa aqui que o *devedor* não pode intentar uma ação contra seu *credor*. A prescrição é um meio de adquirir a propriedade de uma coisa pela posse ininterrupta durante o tempo concedido pela lei (*Dictionnaire de l'Académie*). Por exemplo, o proprietário deixa de reclamar consigo durante três aluguéis a quantia que o senhor deve a ele, ou melhor, que o senhor se esqueceu de honrar para com ele, e a cada vencimento, essa formalidade habitual. Começado o quarto período, ele não tem nada a reclamar nos termos da lei, porque o senhor o pagou com a *prescrição*, quer dizer, sem que isso lhe custe um tostão. Nos hotéis, há prescrição após seis meses, ou seja, começado o sétimo mês tem direito à quitação, e quase sempre também à ordem de ir embora, o que é uma dupla vantagem.

ainda pela morte do credor, se ele não possuir nenhum título por escrito.

Cabe assinalar que a 17ª parte das dívidas contraídas se extingue naturalmente dessa maneira, pela razão muito natural de que o devedor ou o credor morrem num certo lapso de tempo; isso depende muito da idade de uns e da paciência de outros.

Eu disse há pouco que a *prescrição* era um dos meios legais mais eficazes para pagar seus credores e ficar quite de todos os modos, *sem lhes dar um tostão*. Essa afirmação é fácil de provar pelo artigo 2.271 do Código Civil, livro III, título 20, que é a única moeda que pode lhes oferecer e com a qual eles serão obrigados a se contentar.

Assim, quer se alojar, alimentar-se, instruir-se e, além disso, por uma solicitude filantrópica, dar ocupação aos artistas e às pessoas das letras que nesse momento não têm nenhuma, tudo isso, repito, *sem desembolsar um tostão*? Ora, não se prive disso; o proprietário, o dono do restaurante, o professor, o pintor e o poeta pagam a si mesmos quando já esperaram seis meses.

Pode, pois, ir morar no Hotel Meurice, almoçar e jantar todos os dias no Palais Royal, no Châtelin, aprender inglês ou alemão, mandar Millet ou madame Salvator-Callaut pintar seu retrato e dedicar versos a sua amante por intermédio de um de nossos primeiros versificadores, se não souber mesmo fazê-los. Tudo isso pela quantia de 2 francos, que é o que custam cinco *Códigos*, os quais comprará e pagará do mesmo modo ao livreiro, a fim de estudar e aprofundar-se facilmente nesse sublime artigo 2.271 que é, por si só, uma mina de ouro, uma verdadeira fonte de prosperidade.

Eu disse no início desta lição que nunca se deve dar o mínimo adiantamento aos credores, sob pena de ver o crédito retirado imediatamente. Meu tio prova essa afirmação de maneira tão vitoriosa que creio dever tornar isso um exemplo notável, fazendo-o falar por si mesmo.

Ao retornar das Águas de Plombières [escreveu-me], frequentei durante um ano inteiro o estabelecimento de um virtuoso dono de restaurante do Faubourg Saint-Germain que se contentava em pôr na conta todas as minhas refeições. Depois de mais de 365 dias de assiduidade, e já devendo 1.400 francos, caí doente de repente. Mas qual não foi minha emoção quando vi esse honesto negociante de alimentos entrar na minha casa na manhã seguinte, acompanhado de seu médico, muito conhecido na capital pelas curas maravilhosas que tinha feito, sem sanguessugas nem lavagens intestinais... Uma grande inquietação se mostrava em todos os seus olhares.

Deixei que tomasse meu pulso. Ele perguntava ao esculápio se minha doença era séria e, mesmo diante da resposta negativa, teve muita dificuldade para se tranquilizar. Para ficarmos quites, tanto quanto eu podia, e sempre segundo o método cujos princípios tentei colocar na cabeça, consenti em mostrar a língua, que, não estando tão mal, anunciava um estômago sadio.

Tendo o doutor declarado que o jejum prolongaria minha fraqueza e que, ao contrário, eu precisava seguir uma dieta reconfortante, qual não foi minha surpresa quando, na noite do mesmo dia, vieram me oferecer, da parte do sensível negociante, uma sopa, ou melhor, a quintessência de um caldo de carne; e durante os oito dias mortais que minha doença durou, ele me enviou todas as manhãs as primícias de seu substancioso cozido – pelo menos, se eu der crédito aos pedaços de carne que boiavam em sua superfície. Vinha acompanhado de costeletas empanadas, que não teriam sido indignas de um maxilar elegível e de uma garrafa de um Bordeaux generoso.

Esse regime logo me pôs de pé; por isso, minha gratidão logo me levou ao restaurante do meu segundo pai adotivo, que ficou encantado ao me ver à mesa. Lá, em sua presença, fiz um primeiro teste de minhas forças com um *filé de cabrito, cozido ao vinho de Madeira*, e comprovei-as inteiramente com uma metade de *frango à marengo*; uma garrafa de *Mercuray* me deu coragem, entre o *chester* e o *café moka*; minha vitória foi completa e eu a coroei com um copo de *marasquino*.

Se visse com que satisfação aquele verdadeiro amigo admirava os movimentos repetidos do pulso e do cotovelo, como ele aplaudia a elasticidade do maxilar inferior, de longo fôlego, garantia de sua única segurança... Desde esse momento meu crédito se tornou ilimitado e meu *produtor* ficou nas nuvens!... Era impossível ficar mais encantado do que ele ficara.

Esse fragmento da carta de meu tio é prova suficiente do resultado de uma dívida constantemente mantida. O mais leve adiantamento teria estragado tudo.

Mas se fosse necessário, enfim, citar um exemplo famoso do efeito prejudicial dos reembolsos, eu lembraria aqui o projeto de lei que a Câmara dos Deputados adotara, e a Câmara dos Pares, com a

grande sabedoria da qual deu provas tão espanto-
sas em seguida, rejeitou sob aclamação de toda a
França. Ela não ignorava quão desastrosos são os
reembolsos, seja de que natureza for. Reembolsar
um credor é fazer dele uma estátua, é paralisar todos
esses meios, é matar o comércio.

Terceira lição
Dos credores

Diferentes tipos de credores. – Nem todos se parecem. –
A quem cabe o título de credor? – Em virtude de que direitos? –
Permissão que os credores podem usar. – O que lhes é
proibido. – Costumes diversos. – Terra clássica dos credores.

Entre os credores que se pode ter, há sempre alguns, pessoas pacientes e sensíveis, que certas vezes acabam por se ligar ao devedor que nunca os pagou. Já se viu credor que se tornou amigo íntimo do devedor, que se deixou afetar pelos problemas e preocupações em que o devedor estivesse mergulhado e que chorou de ternura pelos testemunhos de reconhecimento que o devedor lhe prodigava. É um gênero de homem excelente. Uma vez que ele tenha afeição pelo senhor, não há meio de se livrar dele. É uma mudança que se opera no plano moral: esse tipo de credor – muito raro, aliás –, ao recebê-lo em sua casa, ou quando o senhor vai vê--lo, adquire tal hábito, que faltaria alguma coisa ao seu bem-estar se ficasse 24 horas sem poder falar com o senhor: sua figura parece lhe ser necessária; mas não confie; nem todos são assim e, de minha parte, conheço um bom número que não tem essas ideias filantrópicas.

Antes de tudo, aprenda, pois, o que é um credor propriamente dito e saiba, como um naturalista, distinguir as classes, os gêneros e as espécies.

Chama-se credor o indivíduo a que um outro deve alguma coisa, como uma quantia de dinheiro, uma renda, víveres e, em geral, todas as provisões que possam existir, a qualquer título e por qualquer motivo que seja. Entretanto, para poder dizer que se é verdadeiramente credor de alguém, é preciso que aquele que se pretende devedor tenha realmente assumido um compromisso com ele, e isso, de modo natural.

Um homem torna-se credor em virtude de um contrato, de uma ordem de pagamento, de um reconhecimento, de um julgamento, de um delito etc. etc.: *Creditorum appellatione* (diz a lei 11, ff. *De Vers.*

Oblig.) non hi tantum accipientur qui pecuniam credide-runt, sed omnes quibus ex qualibet causa debetur.[1]

Todos os *credores* são *quirografários*,[2] e tanto uns quanto outros são *ordinários* ou *privilegiados*.

Um *credor* pode ter várias ações pela mesma dívida, a saber, uma ação pessoal contra quem se comprometeu ou seus herdeiros, uma ação real, quando se trata de uma dívida financeira, ou uma ação hipotecária contra terceiros detentores de uma herança hipotecada.

É permitido ao credor, para obter seu pagamento, acumular todos os processos a que tem direito, como confiscações etc. etc., desde que se trate pelo menos de uma quantia maior que 100 francos, e

---

1 Do latim: "São chamados de 'credores' não apenas os que emprestam dinheiro, mas todos aqueles que, por algum motivo, têm uma dívida a receber". (N. E.)

2 Quer dizer, hipotecários. [Nota ao leitor: Deve-se ler provavelmente "não hipotecários", levando em conta que o credor é quirografário em virtude de um ato assinado em privado, que assim não pode implicar hipoteca e apenas permite ao credor uma ação pessoal contra o devedor. Cf. o *Dictionnaire de l'Académie Française*, de 1762, que não variou desde essa época. (N. E. F.)]

também lançar mão da prisão por dívida, se o título de sua dívida assim permitir.[3]

Mas não é permitido de modo algum ao credor apossar-se por sua própria conta dos bens, móveis ou imóveis, de seu devedor. É preciso que ele os mande apreender antes, para depois vendê-los, tudo pela *autoridade da Justiça*. A razão disso é que o credor não tem nenhum direito sobre a coisa que pertence ao seu devedor; ele só tem sobre essa coisa aquilo que os jurisconsultos chamam de *jus in re*, só tem direito à coisa *jus ad rem*, quer dizer, tem apenas o poder de obrigar seu devedor ou seus sucessores a pagá-lo ou restituir-lhe a tal coisa.

Não se pode obrigar um credor a parcelar sua dívida, ou seja, receber uma parte do que lhe é devido, nem receber em pagamento uma coisa por outra, nem aceitar uma delegação e receber seu pagamento num lugar diferente daquele onde deve ser feito.

Quando vários emprestam conjuntamente alguma coisa, cada um só pode ser considerado credor de sua parte pessoal, a menos que se tenha esti-

---

3 Cf. minha lição que trata exclusivamente da prisão por dívidas.

pulado expressamente que serão todos credores solidários e cada um possa, sozinho, por todos os outros, exigir a totalidade da dívida.

A qualidade de credor é um meio de recusa contra a deposição de uma testemunha: seria também um meio de recusa contra um árbitro e contra um juiz.

Deve-se ainda assinalar aqui alguns costumes singulares que eram praticados outrora em relação ao credor.

Em Bourges, um credor podia se apropriar de todos os bens de sua caução e retê-los como garantia sem a permissão do *preboste* ou do oficial de Justiça.[4]

Todos os burgueses de Chartres gozavam dos mesmos privilégios.

Ao procurar receber uma dívida na Justiça em Orléans, o credor não pagava nenhuma taxa, considerando-se estrangeiro.

---

4 O preboste era outrora um juiz real que conhecia as causas entre os habitantes privilegiados, e os que não eram, e julgava se era ou não necessário apresentá-las ao Parlamento. Os oficiais de Justiça eram oficiais prepostos da polícia fardada no campo e na cidade. Esse cargo existe até hoje, com a mesma denominação, mas possui atribuições diferentes.

Na Normandia, acontecia o contrário, mas de certo modo era mais difícil para a Justiça receber as taxas de um credor do que um credor ser pago por seu devedor. Sabe-se, além disso, que a Normandia sempre foi a terra clássica e natal dos devedores e dos credores.

QUARTA LIÇÃO
Dos devedores

O Alexandre dos devedores. – O que é um devedor? – Direitos e prerrogativas dados ao devedor. – Costumes judeus, indianos, orientais e franceses. – Leis diversas relativas aos devedores. – Usos admitidos.

Meu tio era muito ligado a um devedor célebre, que todos nós conhecemos e que deveu e ainda deve vários milhões. Era um desses homens cheios de vida, do qual nenhum credor podia se gabar de ter conseguido lhe arrancar um tostão. Ele, ao contrário, rolou sobre o ouro e a prata; forneceu provisões aos diversos governos da Europa, adiantou capitais a monarcas que não os tinham – pois a classe de pessoas de bem sem dinheiro é imensa – e, nos últimos tempos, ganhou até 1.200 francos por hora numa única campanha. Foi pena para ele que tal situação tenha durado apenas três meses.

Esse indivíduo conseguiu evitar de tal modo as leis e as regulações do comércio que não se consegue pegá-lo, nem sua pessoa nem seus bens. Tem a seu serviço fantoches e testas de ferro, e só se casou para usar o nome da mulher. Precisa receber, tomar, apropriar-se de alguma coisa, propor uma empreitada? O governo está sempre em suas mãos, em carne e osso. Precisa pagar? Ele evapora ou torna-se uma quimera do tipo daquelas que um bom número de românticos persegue sem ter nada em comum com esse tipo de devedor.

Entretanto, não deixou de visitar o útil estabelecimento mencionado de modo tão respeitoso na minha décima lição, mas diz que foi simplesmente *pro forma* e para conhecer o lugar.

Infelizmente, existem poucos devedores dessa têmpera, e todos os infelizes consumidores para os quais escrevo estão longe de possuir os meios necessários para poder operar do mesmo modo.

Ora, é preciso que eu explique o que é um *devedor*, e quais são os casos em que alguém pode ser considerado como tal.

Chama-se devedor aquele que deve alguma coisa a outro.

O *devedor* é chamado nas leis romanas de *debitor* ou *reus debendi*, *reus promittendi* e, algumas vezes, simplesmente *reus*; mas deve-se atentar para o fato de que a palavra *reus*, quando está sozinha ou isolada, significa algumas vezes culpado ou acusado, isto é, o *devedor* ou o *credor*.

As Escrituras proíbem o *credor* de humilhar e oprimir o *devedor*, seja por *usura*, seja por *más palavras*.[1]

Esse preceito, porém, foi constantemente mal praticado entre as nações tanto antigas quanto modernas; entre os judeus, por exemplo, o *credor* podia mandar prender o *devedor* por falta de pagamento e até mesmo determinar que este vendesse-lhe sua mulher e seus filhos.

O devedor, nesse caso, tornava-se escravo de seu credor. Na Turquia, as coisas eram ainda piores: um credor muçulmano tinha o direito de mandar supliciar o devedor, mesmo que este fosse muçulmano como ele, depois que expirasse o prazo da

---

1 Ex 22,25.

promessa de pagamento. Se o devedor fosse grego, judeu, cristão ou católico romano, com mais fortes razões ainda podia mandar *supliciar sem dó*, desde que tivesse o cuidado de fazer uma declaração às autoridades competentes.[2]

A lei das *doze tábuas* era ainda mais severa, pois permitia desmembrar os *devedores* e distribuir as partes aos credores, proporcionalmente, como forma de ressarcimento. Mas se houvesse apenas um credor, este não podia tirar a vida do devedor; podia apenas leiloá-lo em praça pública.

Na Índia, os credores não eram tão mal-educados; contentavam-se em dormir com a mulher ou uma das filhas do devedor (à sua escolha); mas podia fazer isso só uma vez.[3] Um golpe desse tipo sai muito caro em geral aos credores apaixonados. É desse costume, sem dúvida, que veio a expressão: receber em espécie.[4]

---

2 Cf. *Histoire de l'empire ottoman*.

3 *Histoire civile et commerciale des Indes*, pelo tradutor das *Voyages*, de Arthur Youngh.

4 Em francês, *"se payer sur la bête"*, expressão de conotação pejorativa que designa uma mulher que, por não poder pagar seu credor, tem com ele relação sexual. (N. E.)

O poder de tornar seu devedor insolvente e de retê-lo preso em sua casa foi tirado dos credores pelo tribuno Petilius, que determinou que o devedor não podia mais ser dado como escravo ao credor. A lei foi renovada e ampliada setecentos anos depois pelo imperador Diocleciano, que proibiu totalmente esse gênero de servidão temporária, conhecida como *nexus* [escravo] e da qual se fala na lei *ob oes alienum, codice de obligat*.[5] Depois do ano 428 de Roma, os credores tinham somente a faculdade de manter os devedores numa prisão pública, até que tivessem pago a dívida. Tudo isso vem em apoio à afirmação de meu respeitável tio, que dizia que os credores são tão velhos quanto o mundo e que, desde o momento em que houve dois homens sobre a terra, um se tornou necessariamente credor do outro.

Júlio César, tomado de compaixão pelos infelizes devedores, deu-lhes o benefício de cessão, a fim de que pudessem se livrar do cativeiro, abandonando todos os seus bens, e ter esperança de se restabelecer no futuro. Assim, como a pena de morte e a servidão

---

5 Do latim: "Por dívida alheia, o código desobriga". (N. E.)

foram abolidas, só restou contra o devedor a *prisão por dívida*, e Deus sabe o largo uso que os credores daquele tempo até os credores deste tempo fizeram da lei de Júlio César – que parece vigorar mais do que nunca. Eis como as boas instituições se extinguem, enquanto as más parecem ressuscitar.

Entretanto, entre os gauleses, as pessoas do povo que não podiam pagar suas dívidas se entregavam como servos. É o que os latinos chamavam de *addicti homines*.[6] Enquanto isso, em Roma, o devedor que não tinha condições de quitar suas dívidas obtinha sem dificuldade um prazo de dois ou até cinco anos para pagá-las. Na França, segundo o decreto de 1669, os juízes, mesmo soberanos, não podiam dar prazo nem mora para pagar, a não ser que se obtivesse uma carta oficial chamada *carta de sursis*. Em Roma, as qualidades de credor e de devedor, se reunidas em uma mesma pessoa, acarretavam uma confusão na ação que amortizava a dívida de qualquer lado que fosse, o que meu tio classificou tão bem de *embrulhada*.

---

6 Do latim: "homens condenados". (N. E.)

Enfim, encontramos na *Histoire générale des voyages* [História geral das viagens] muitos costumes singulares sobre o modo como os devedores são tratados em diversos governos. Conta-se que na Coreia, o credor tem o direito de dar quinze pauladas por dia nos ossos das pernas do devedor que não pagou no prazo, e que os parentes são obrigados a quitar as dívidas de seus familiares. Na França, as coisas se passam ao contrário, pois não é raro ver credores recebendo pauladas da parte dos devedores e parentes renegando dívidas – e, consequentemente, não pagando –, mesmo as dos familiares mais próximos.

Quinta lição
Qualidades necessárias

AO CONSUMIDOR SEM DINHEIRO E SEJA QUEM FOR
PARA TIRAR PROVEITO DOS PRECEITOS ENSINADOS
POR MEU TIO FICAR QUITE COM OS CREDORES.

*Qualidades físicas e morais. – Seu
número e sua natureza. – Da saúde e segurança. –
Reflexões. – Exemplos fáceis de pôr em prática.*

Um consumidor sem dinheiro que tem dívidas e sentimentos, e, acima de tudo, o desejo vivo de satisfazer seus credores, deve, antes de tudo, ser ricamente dotado pela natureza, já que não foi ricamente dotado pela fortuna.

Antes de fazer qualquer coisa, ele deverá se submeter a um severo exame de toda a sua pessoa. Esse exame deverá se concentrar em dois pontos principais, que são:

1º: o perfeito conhecimento de suas qualidades físicas;

2º: *idem* de suas qualidades morais.

Esse exame é da maior importância e exigirá da parte do consumidor a mais estrita imparcialidade, pois, se ele não tiver cuidado, a menor indulgência poderá conduzi-lo a consequências funestas ou, o que é pior, fazê-lo tomar o caminho da prisão de Sainte-Pélagie, onde poderá repetir os primeiros exames com todo o conforto. Sendo assim, que ele não se dê uma aprovação de modo por demais condescendente.

Creio que devo indicar, no que diz respeito às *qualidades físicas*, dezoito sobre as quais não seria demais insistir e, quanto às qualidades morais, oito apenas, que nunca seria demais aperfeiçoar, se não estiverem no grau desejado.

As qualidades físicas compõem-se de:

A SABER:

1. Uma saúde de ferro (é uma das mais importantes e direi algumas palavras sobre ela a seguir);
2. Ter entre 25 e 45 anos (termo médio 36 anos);

3. Altura de 5 pés e 5 a 7 polegadas [1,64 m a 1,68 m];

4. Cabeça regular;

5. Olhos vivos e penetrantes (negros ou azuis);

6. Nariz fino;

7. Boca grande e ornada de seus 32 dentes (sempre bem cuidados);

8. Cabelos curtos (negros, castanhos ou louros, mas de preferência negros, se for possível);

9. Costeletas espessas;

10. Ombros largos, com 18 polegadas de diâmetro [45 cm];

11. Lombos sólidos;

12. Braços fortes e longos;

13. Punhos de aço (e unhas sempre curtas);

14. Coxas roliças;

15. Jarretes de cervo;

16. Pernas de 14 polegadas de circunferência [35 cm];

17. Pés ligeiros;

18. Enfim, uma força de Hércules.

Eu disse agora há pouco que a saúde é uma das qualidades físicas mais necessárias, e é verdade; pois se conseguir atingir a idade de 70, 80 ou, o que é o *nec plus ultra*, 90 anos, há 45 chances (termo médio) contra uma que enterrará a 44ª ou 45ª parte de vossos credores. Ora, eu disse e provei que a morte de um credor é um dos meios de amortização naturais indicados por meu tio e, sua dívida sendo quitada desse modo, o credor não pode se queixar; pois assim como Deus não quer a morte do pecador, um devedor não pode desejar a de seu credor, visto que, como diz o princípio, "quanto menos credores, menos recursos".

Essas são, assim espero, qualidades boas, sólidas e absolutamente *privilegiadas*, e digo privilegiadas porque, do mesmo modo como podemos adquiri-las com facilidade pelo exercício e por um regime adequado, também podemos nos desfazer delas. Desafio o senhor ministro das Finanças a exigir uma taxa de registro. Em suma, essas vantagens, que são verdadeiras propriedades, são de natureza *inalienável* pelos credores, só a natureza poderia opor-se ao seu benefício.

Quanto às qualidades morais, elas podem ser colocadas mais ou menos na mesma categoria. Reconheço oito dessas qualidades indispensáveis, que podem ser classificadas do seguinte modo:

A SABER:

1. Segurança (é a mais importante de todas e provarei daqui a pouco);
2. Uma constante presença de espírito;
3. Uma memória de credor;
4. O sangue frio de um dos nossos antigos soldados granadeiros;
5. Uma coragem a toda prova (o que é quase a mesma coisa, salvo nuances);
6. Uma paciência de enfermeiro;
7. Uma habilidade sem par em todos os jogos ou exercícios (qualidade extremamente importante e para tê-la é bom aprender com os grandes mestres a fim de poder ensinar quando a ocasião se apresentar);
8. Enfim, uma fome de leao (essa última qualidade moral só foi reconhecida há bem pouco tempo; mas as autoridades que se confrontam com ela dia a dia não deixam dúvidas a respeito, sobretudo depois que uma delas demonstrou, de modo claro como o dia, que *os grandes pensamentos vêm do estômago*).

Eu disse, agora há pouco, que a segurança era, de todas as qualidades morais, a mais importante; é mais do que uma qualidade, são dez, vinte, cem mil qualidades, e até uma virtude. Só com ela é possível substituir facilmente as seis outras qualidades morais indicadas.

Com efeito, o que é a presença de espírito? É a segurança nas ideias. O que é a memória? A segurança nas lembranças. O que é o sangue frio? A segurança no perigo. O que é a coragem? A segurança durante a ação. O que é a paciência? A segurança nos desejos. O que é a habilidade? Ainda uma espécie de segurança nos gestos e nos movimentos. Resta apenas a oitava qualidade moral, que não pode ser substituída pela segurança: a *fome*. De fato, um estômago vazio não pode realizar nem defender grandes coisas.

A segurança consiste sobretudo em refutar qualquer coisa que se pareça com um raciocínio ou questão, negar as evidências, sustentar o impossível, em suma, dar um desmentido robusto e lacônico a todos os fatos e a tudo que tenha caráter de prova. *Não, sim, isso não é assim, é impossível, é possível*: esse é o curto vocabulário do homem que tem segurança.

Exemplos

Um primeiro credor diz que o senhor não tem um tostão para pagá-lo; não se deve esfacelar para lhe provar o contrário. Responda simplesmente *é possível...* e seu homem emudece... fica contente.

Um segundo credor, a quem prometeu dar uma quantia de... que ele lhe emprestou, tenta dizer que o senhor faltou com a palavra; não lhe deve contar por que ou como está enrolado. Replique francamente: *Pode ser...* Ele não hesita... logo, fica satisfeito.

Um terceiro credor (o proprietário de um imóvel alugado, por exemplo) vem lhe fazer uma visita, aproveitando a ocasião para apresentar um recibo de quitação. Olhe para ele com um olhar indeciso, acompanhado de um *é impossível!* Ele sustenta o contrário, com a caixa de tabaco e o almanaque na mão. Um homem sem segurança discutiria a taxa de aluguel ou os dias que não deve; um homem com segurança responde audaciosamente: *Mas não!* Se o proprietário é mal-educado, ele se aborrece e ameaça vender os móveis; resista com um *não posso crer!* Ele fica vexado e dá queixa; mas fica sabendo que os móveis não estão em seu nome, fica vexado de novo e dessa vez tem duplamente razão ao lhe responder: *É possível...* Ele não tem mais nada a dizer, e vai embora. Mas se nessa ocasião ele ficou satisfeito ou não é uma questão que ainda não está decidida, isso depende da natureza do proprietário.

Enfim, com a segurança, o senhor domina a confiança, passa por um moço firme e prudente. Entretanto, não acredite que essa sublime qualidade poderá poupá-lo da prisão de Sainte-Pélagie, porque se a segurança é permitida aos devedores, não é proibida aos credores. Mesmo que more na Rua de la Clef, cabe à sua dignidade e à sua política só responder *é possível* a quem mostrar o cadeado e as grades de sua modesta cela.

Essas são as *18 qualidades físicas* e as *8 qualidades morais*, ao todo 26 qualidades, que são absolutamente necessárias para o senhor poder ficar quite com seus credores de uma maneira satisfatória sem lhes dar um tostão. Se não possui todas as 26 integralmente, está equivocado em seguir esse sistema financeiro, e será melhor não ter dívidas nem credores.

Sexta lição
Disposições gerais

Verdade incontestável. – Escolha de um bairro. – Da moradia. –
Dos porteiros. – Do proprietário. – Da mobília. – Conhecimentos
de física que é preciso ter. – Dos empregados domésticos. –
Da mulher da limpeza. – Conselhos a seguir.

Qualquer um que não tenha dinheiro é forçado a viver de crédito; se ele não tem dinheiro, deve fazê-lo, e, quando o tiver feito, terá mais do que o necessário para seu consumo habitual.

Eis uma ideia que, sem dúvida, vai causar espanto a um grande número de meus leitores, já endividados, ou aos quais se deve muito há muito tempo, mas não é culpa minha se eles não entendem nada da profissão de *produtores* e *consumidores*.

Para conseguir perfeitamente atingir o objetivo que meu tio propôs, é preciso, como dizia ele, *saber raciocinar sobre seu negócio.* Ora, o que é saber raciocinar sobre seu negócio? É saber morar, comer, vestir-se, divertir-se, em suma, manter-se sem dever nada nem desembolsar um tostão.

Entre essas coisas, há aquelas que são mais ou menos necessárias, mais ou menos indispensáveis: por ordem de necessidade, começaremos pela primeira de todas, que é a moradia.

A escolha do bairro da capital onde deve eleger domicílio não é de pouca importância, e deve escolher um ponto tal que sua situação estabeleça entre o senhor e seus credores uma distância de pelo menos duas léguas; ora, como seus credores podem estar espalhados pelos 12 bairros de Paris, fará bem em morar (se isso for possível) *extra muros*, quer dizer, para além dos limites da cidade, escolhendo aqueles em que há menos credores.

Deve tornar-se amigo do porteiro encarregado de fazer a guarda do prédio que tem a intenção de ocupar, antes mesmo de alugar um apartamento. Poucos consumidores têm uma ideia precisa da enorme influência que os porteiros exercem sobre nossos destinos, uma vez que podem nos prejudicar ou nos servir, conforme seu capricho ou grau de capacidade do qual são dotados, de oito maneiras diferentes e deste modo:

1º Dizer que estamos em casa quando não estamos;

2º Dizer que não estamos em casa quando estamos (o que é pior algumas vezes);

3º Recusar as cartas e encomendas que nos são destinadas;

4º Receber intimações e outras correspondências do mesmo gênero quando poderiam não fazê-lo;

5º Espionar vossa conduta e daí tirar conclusões;

6º Fazer fracassar um negócio importante pela maneira como responderam quando alguém se apresentou, sobretudo em relação ao *capítulo das informações*;

7º Não querer acordar para abrir a porta quando nossos negócios ou nosso estado de saúde nos obrigam a tomar ar por cinco minutos antes do amanhecer;

8º Enfim, não abrir a porta à noite quando chegamos um pouco tarde, apesar de batermos dez vezes e ele escutar perfeitamente, o que acarreta uma série de inconvenientes incalculáveis.

Com efeito, de quantos contrassensos vemos um porteiro se tornar culpado todos os dias! O que ele diz pode mudar uma reputação de cabo a rabo. Se no mundo é um modelo animado do Apolo do Belvédère, para o porteiro é um novo Esopo. Se o nome de um morador acaba em uma terminação semelhante ao seu, ele envia a este um bilhete doce que era destinado ao senhor, e o vizinho vai ao encontro em seu lugar. Se chega um credor, ele não diz que saiu naquele instante. Sua amante consegue escapar um momento para vir vê-lo, o porteiro afirma que não voltou para casa desde a véspera; enfim, a negação *não* no lugar da afirmação *sim*, e *vice-versa*, pode fazer do senhor um homem perdido.

Saiba, pois, agradar o porteiro antes mesmo de ter feito sua primeira visita ao proprietário; tente, sobretudo, fazer dele um amigo, procure se dar bem com a mulher dele, se ele tiver uma que não seja nem muito velha, nem muito suja, nem muito tagarela, nem muito curiosa, o que, confesso, é muito raro.

Meu tio, que havia previsto todos esses casos, aconselha de preferência a escolha de um apartamento num prédio que não tenha porteiro. Essa circunstância oferece com frequência grandes vantagens, mas também tem alguns inconvenientes. Cabe ao senhor examinar atentamente vossa posição e ver qual dos casos pode oferecer mais recursos.

Quanto à escolha da moradia, é ainda uma parte não menos essencial. Nunca um apartamento abaixo do quarto andar, acima do mezanino. E sempre de vista para a frente; de lá, da janela, pode dominar tudo que o rodeia. Um credor decidiu ir a sua casa; ele surge a meia légua de distância, como um ponto no horizonte, e você já sabe com quem está lidando; ele cresce ao avançar, o senhor o reconhece, tem ainda cinco minutos para decidir de que modo deve agir. Uma boa luneta ou um binóculo tornam-se, nessas circunstâncias, um objeto de primeira necessidade, já que fazem o senhor ganhar tempo, pondo à sua disposição dez minutos para refletir.

Meu tio confessa que uma vez livrou-se de ser levado à prisão de Sainte-Pélagie (e ainda no lugar de outro) porque havia cometido a imprudência fatal de morar no primeiro andar, nos fundos, numa casa no Palais Royal. Ele acrescenta de maneira muito judiciosa que uma légua e meia de caminhada e 38 degraus para subir enfraquecem prodigiosamente as forças e o mau humor de um credor. Com efeito, quando chega a vossa porta, esgotado, vencido, não é mais dinheiro que ele vos pede, mas uma cadeira e um copo d'água. Sabe-se que tanto um quanto outro são fáceis de oferecer, mesmo um imediatamente após o outro.

Quanto à mobília, há um preconceito geralmente difundido entre a maioria dos consumidores, segundo o qual é preciso oferecer um ambiente suntuoso para se impor e inspirar confiança aos *produtores*.

Essa ideia era boa nos tempos de Carlos Martelo e Pepino, o Breve, quando uma poltrona em que se pudesse sentar era uma obra-prima da indústria; mas agora, que se fazem leitos em que se pode dormir sem se deitar, nada disso é imponente, e esse luxo só serve para surpreender as crianças.

Assim, pois, sua mobília só deve ser composta de pouquíssima coisa, mas de coisas originais e próprias para chamar a atenção daqueles que estariam em condições de examiná-las, esperando coisa melhor.

Mobílie sua casa com a mecânica, ilumine-a com o gás hidrogênio e defenda-se da aproximação do inimigo com a física.

Meu tio fez o teste com raro sucesso sobre seus credores. Ele tinha uma máquina elétrica de boa dimensão e sempre a mantinha abundantemente carregada com um misterioso fluido; a máquina era conectada a uma chave na porta de entrada por meio de um fio condutor; ao ver a chave constantemente na porta, ele sentia uma confiança sem limites, porque, quando um credor impaciente a girava para entrar, recebia um choque violento que lhe dava sensações confusas de entorpecimento e feitiçaria. Era raro que um credor, por mais irado ou teimoso que fosse, arriscasse vir ter uma segunda lição de física experimental, se bem que ele lhe tivesse explicado muito claramente os efeitos resultantes das causas e as causas resultantes dos efeitos em física.

Quanto à escolha do doméstico, essa é uma questão muito delicada, sobretudo para uma situação próxima daquela que desejo que o senhor alcance para chegar com segurança a seu objetivo. É infinitamente melhor servir a si mesmo. Tampouco o aconselho a ter uma mulher de limpeza; a porteira vai vê-la com maus olhos, e sabemos o que é o olho de uma porteira descontente. Sentirá certamente o contragolpe do seu mau humor. Se não pode se impor os cuidados da casa, os quais um consumidor habituado a todas as facilidades não pode dispensar, mate dois coelhos com uma cajadada e escolha de preferência a própria porteira ou sua filha, se for jovem e dada ao trabalho, porque assim o pai e a mãe sentirão, por sua vez, o contragolpe de sua generosidade e suas boas graças para com sua filha. Terá nela um defensor oficioso e um poderoso auxiliar para afastar as invasões da gente *credora*.

Sétima lição
Maneira de viver

Ditado do meu tio. – Caso que se deve sempre prever. – Princípio invariável. – Fornecedores de todos os tipos aos quais se deve dar preferência. – Medos sem fundamento. – Emprego do dia de um consumidor que sabe raciocinar sobre seu negócio. – Bens imensos proporcionados ao comércio. – Resultados.

Frequentemente ouvi meu tio dizer que era necessário evitar gastar na véspera todo o dinheiro que se possuía, qualquer que fosse a certeza de possuí-lo amanhã, porque acontecia sempre – por *causas fortuitas e independentes da vontade* do consumidor, causas que não se podiam prever nem impedir – de a entrada de dinheiro ser adiada ou simplesmente não ocorrer. Ora, ninguém sabe melhor do que eu como meu tio tinha razão.

Suponhamos, pois, que isso aconteça, e vejamos quais são os meios de salvação que podemos opor a ele: estes repousam num único princípio, do qual não se deve afastar em nenhum caso, sob nenhum pretexto. Esse grande princípio é o seguinte.

O senhor deve sempre comprar, de preferência, de fornecedores ricos. Em primeiro lugar, porque eles têm tudo de excelente qualidade. Em segundo lugar, porque deve pôr em prática o princípio tantas vezes repetido de que, como esses indivíduos têm demais, e o senhor não tem o bastante, é um verdadeiro favor que se lhes presta, e ao senhor também, o de procurar restabelecer o equilíbrio, e ninguém tem mais interesse nisso do que o senhor. Em terceiro lugar, porque o vazio que provoca em suas lojas passará quase despercebido, e assim mesmo esse vazio será logo preenchido pela clientela pagante que seu consumo saberá atrair para elas.

Por conta disso, escolha um proprietário para o qual tudo seja abundante e que não espera do senhor cem escudos de aluguel para pagar seus compromissos. Todos os locatários sabem que existem proprietários ricos em todos os bairros de Paris. Assim, não terá dificuldades nisso.

Almoce no Palais Royal e jante no Bulevar dos Italianos. O senhor talvez possa crer que seja preciso pagar nessas casas; de modo algum, a prosperidade desses estabelecimentos baseia-se apenas nas mesas, ou antes, nos convivas que não pagam, porque estes sabem escolher os pratos e atrair os que não sabem pedir um jantar, mas sabem pagar e, por fim, consomem muito mais que os outros. Nos restaurantes a 21 ou a 32 centavos não se faz crédito porque todo mundo paga. Nos grandes estabelecimentos dos quais falo, percebeu-se quanto vale um consumidor que não pode pagar um jantar de 20 francos, mas pode atrair para a casa trinta consumidores de um jantar de 10 francos que são pagos.

Conheço donos de grandes restaurantes que pagariam de boa vontade para que o senhor ficasse lá o dia inteiro à mesa, chamando os garçons (sempre pelo nome de batismo, para dar um ar de *habitué*), pedindo champanhe, elogiando seu vinho e sua reputação. Sua figura atua sobre o apetite preguiçoso ou econômico dos passantes como o efeito de um sorvete antes do jantar, e eles são tomados por uma fome *devoradora*.

Quanto ao senhor, depois de comer e beber tudo que foi possível, levante-se e, levando negligentemente a mão ao botão dourado de seu casaco, como para procurar a carteira no bolso do colete, tire um palito; logo o dono lhe faz um sinal de respeito e reconhecimento ao mesmo tempo, para poupá-lo de uma preocupação que considera uma ofensa. Dirigirá *en passant* um pequeno cumprimento à senhora do balcão e a graça com que ela retribui a saudação indica de verdade que acredita que foi muito bem paga pelo excelente apetite do qual haveis dado exemplo, exemplo tão bem sustentado quanto imitado.

Brincadeiras à parte, ocorre de fato que os donos dos principais restaurantes da capital contam por dia meia dúzia de consumidores que têm essa força sobre os princípios.

O senhor se vestirá apenas com o Bardes, porque esse galhofeiro, que vestiria todo o Exército francês em 24 horas, como garante o ministro da Guerra, pode muito bem fazer-lhe um paletó, duas calças, quatro coletes sem ter a necessidade de dar sua palavra de que pagará logo a confecção. Note que, se por acaso ele for a sua casa, será apenas para perguntar se quer que ele lhe faça uma polonesa ou um *manteau* pelo mesmo preço.

Compre sapatos do Sakoski. Ele calça todos os *fashionables* e o ministro das Finanças. Julgue se ele hesitará em tomar suas medidas e abrir uma conta em seu extenso livro.

Quanto à sua roupa de cama e mesa, compre na fornecedora da Corte; mais do que ninguém, ela conhece as vantagens do crédito e, quando se obtém um crédito, um a mais ou um a menos, faz pouca diferença na despesa. O senhor se perderá na multidão de consumidores desse gênero.

Esses são os produtores que deve procurar, porque são os únicos que pode pagar sem desembolsar um tostão, uma vez que belas palavras, para eles, equivalem a dinheiro vivo.

Não acredite que, para pagar as dívidas que seu consumo diário o leva a contrair, um consumidor como este do qual quero falar seja forçado a se curvar tristemente sobre uma máquina de manufatura ou a desembarcar mercadorias nos portos de Saint-Paul ou Saint-Nicolas. Ele não vai trabalhar nas colheitas no calor do mês de julho ou na semeadura em pleno inverno. Ele não vai quebrar a cabeça para aperfeiçoar os produtos diversos que nos são oferecidos pelos animais de chifre ou sem chifre da França e de outros lugares. Não vai passar seu tempo enriquecendo a exposição de nossos produtos com um *schall*, um forno econômico ou um barbeador resistente. Não vai empregar um dia inteiro para reproduzir sobre uma tela, que sua mão saberá tornar viva, os traços de um dos defensores de nossas liberdades ou a natureza pega no ato, seja nos bosques de Meudon ou nos de Montmorency. Não vai passar a tarde acompanhando com um violino, um baixo, uma flauta ou uma trompa os artistas dos teatros reais, que desafinam ou não dançam no ritmo. Enfim, não vai gastar três quartos de sua vida na Rua de Rivoli somando faturas. Ele não vai fazer nada disso. Mas seria um erro acreditar que, pelo fato de não plantar, não fabricar, não pintar, não fazer música nem contas, ele não vai trabalhar, produzir, consumir e pagar. Ele vai fazer tudo isso, mas à maneira do meu tio.

Eis, de resto, a conduta e o gênero de vida que devem manter e seguir todos os consumidores para os quais meu tio reuniu o material de sua obra, e o quadro dos *bens* gerais que podem produzir para si.

1º O consumidor, qualquer que seja, não se levantará antes das 10 horas e, por essa feliz indolência, diminuirá o amontoado de vendedores, lavadeiras, comissários, cabriolés, ociosos etc. que obstruem todas as manhãs as ruas mais frequentadas e, consequentemente, as mais sujas de nossa bela capital. Primeiro bem.

2º Ele receberá todos os seus credores indistintamente das 10 às 11 horas, escutando-os e praticando os preceitos ensinados neste manual. Enquanto isso, os credores que esperaram para ser atendidos não estão na casa de outros consumidores igualmente devedores, e essa vantagem recairá sobre eles. Segundo bem.

3º Ele receberá todos os fornecedores das 11 horas ao meio-dia, ficará com o que alguns trouxeram e encomendará algo novo aos que nada lhe apresentaram.

Desse modo, ele os manterá em estado de espera, aumentará seu crédito e estimulará o consumo. Terceiro bem.

4º Ele se vestirá entre meio-dia e 13 horas, entenderá sua gravata como um anjo, por meio da minha teoria racional sobre essa importante parte do vestuário.

Isso o levará assim à compra dessa obra no livreiro e ao escoamento das musselinas, das cassas, do percal e da batista de nossas manufaturas. Quarto bem.

5º Ele almoçará às 14 horas no café Perron, onde, pelo requinte da escolha que fará no menu, aumentará ainda o consumo, colocando na moda os ovos na casca [*oeufs en coquille*] e as *omelettes à azedinha* [*l'oseille*], que comerá com uma graça contagiante para todos aqueles que, sem conhecer esses pratos, terão vontade de fazê-lo.

Seguindo seu sistema, ele não pagará o almoço, mas fará os *habitués* que normalmente só tomam um café, sem pão com manteiga, consumirem vinte e se deixarem levar insensivelmente pelo garfo, influenciados por seu exemplo. O dono do café ficará muito contente com os vinte almoços pagos e muito satisfeito com o consumidor que lhe pagar desse modo, embora sem dinheiro. Quinto bem.

6º Ele irá às Tulherias para esperar displicentemente a hora do jantar. As duas ou três cadeiras que usará sem pagar para esticar a preguiça serão muito frutuosas à locatária que mantém a empresa. Pela maneira como se senta, convidará os passantes ao repouso. Num instante, todas as cadeiras serão ocupadas e pagas, a locatária fará receita e o agradecerá. Sexto bem.

7º Uma mulher bonita, suspeita ou não, suspirando por um jantar numa alameda lateral, passará perto dele; ele se extasiará com seu porte, seu andar e seu *gênero*, que julgará *apropriado*. Um inglês, que não entende nada do assunto, fará a mesma observação e irá oferecer à moça o braço, o jantar e o bolso, que serão aceitos. Ele distribuirá o dinheiro do inglês no comércio da França. Sétimo bem.

8º Às seis horas, ele levará alguns amigos, cujo nome não sabe, para o restaurante de costume. Colocará o restaurante em voga com uma só palavra. Garçom! *Ostras frescas, tisana de champanhe frappée, perdizes com trufas* etc. etc. Comerá como quatro e beberá como seis durante duas horas... Que fecundo resultado não terá sua digestão depois que os amigos tiverem pago a conta! O dono do restaurante ficará encantado, decidindo nunca cobrar um tostão de um consumidor tão precioso. As ostras que ele mandou procurar nos fornecedores da Rua Montorgueil atrairão filas para suas portas no dia seguinte para comprá-las. Os comerciantes de vinho de Reims e de Épenay não conseguirão dar conta dos pedidos de *tisana* que virão de todas as partes. A população de Périgord, tão ocupada na procura de trufas, dobrará a atividade. A Vallé fará provisões como se fosse época de eleições; o mercado de Poissy será mais bem provido; a lamparina diminuirá, a vela aumentará e os fabricantes de couro não esperarão pela pele dos animais para fazer couro... Oitavo bem. Mas quantos bens num só! É porque esse bem é produzido por um indivíduo que estudou a fundo todas as teorias do meu tio e sabe perfeitamente como colocá-las em prática.

Oitava lição
Da prisão por dívida

Reflexões morais e filosóficas. – Três pequenos patês e minha camisa pega fogo! – Sainte-Foix e meu tio. – História da prisão por dívida, desde sua origem até os nossos dias. – Causas por que se pode sofrer prisão por dívida. – Anedotas. – Advertência.

A prisão por dívidas é, segundo meu tio, uma consequência necessária dos progressos da civilização. Na França, sob as duas primeiras raças e mesmo no início da terceira, o credor só podia confiscar os bens imóveis do devedor. O presidente Hénault cita como prova Bouchard, o Barbudo, de Montmorency, que perseguiu o monge de Saint-Denis, na ilha Saint-Denis, como se perseguem javalis e outras caças da mesma espécie. Ora, esse honesto *consumidor* devia uma quantia considerável a Adão, abade de Saint-Denis. "Ele não foi preso", diz o abade Suger, "porque na época não era costume fazer isso; mas, por ordem do bom rei Roberto, suas terras foram devastadas, até que ele tivesse pago."

Nesses tempos de barbárie, a lei ridicularizava os que contraíam dívidas que não podiam pagar. As coisas mudaram muito desde então!

A cessão dos bens que o devedor se via obrigado a fazer era acompanhada de uma cerimônia singular. O devedor, nobre ou plebeu, era obrigado a bater o traseiro três vezes no chão (*Nudis clunibus*), gritando: *Eu cedo meus bens!* Sainte-Foix afirma que em Pádua ainda existe a pedra da vergonha (*Lapis vituperii*) onde era infligida a punição.

Não estou longe de acreditar que essa punição deu origem a uma penitência semelhante que se impõe *nos joguinhos inocentes* a quem não pode pagar sua dívida com *fiança garantida*. Não sei se devemos, com base apenas na autoridade do autor dos *Essais sur Paris* [Ensaios sobre Paris], admitir como certo que, antes do reino de Luís, o Jovem, podia-se dispensar o pagamento de dívidas duelando com os credores. Nesse caso, Sainte-Foix era um homem que confundia sua história particular com a dos costumes de nossos ancestrais. Como era muito mau pagador e duelava com frequência, tinha interesse em que se acreditasse que um valia pelo outro. Ele era amigo do meu tio. Volto ao assunto, que vou tratar com toda a seriedade de que ele é digno.

Chama-se *prisão por dívida* um ato assinado, registrado e emanado de um tribunal qualquer, mas competente, que é considerado julgamento, ordenação ou mandato e permite a um credor mandar encarcerar o devedor civilmente, ora por força do direito do credor de usar essa via contra o devedor, ora enfim pela prisão e encarceramento do devedor. *Postestas cogendi alicujus ad faciendum aliquid per sententiam judiciis data.*[1]

Entre os egípcios, não era permitido empenhar o corpo. Bócoris transformou isso em lei e Sesóstris a renovou. Os gregos, ao contrário, permitiam a obrigação por *penhora do corpo*. É por isso que Diodoro diz que eles eram condenáveis: embora proibissem que as armas e o arado de um homem servissem como garantia, permitiam a prisão do próprio homem. Assim,

---

1 Do latim: "Poder de obrigar a outrem a cumprir a sentença judicial dada a alguém". (N. E.)

Sólon ordenou a Atenas que o corpo não seria mais empenhado por dívidas, lei que ele tirou do Egito.

A *prisão* por dívida era praticada em Roma contra os que se submetiam a ela ou eram condenados por estelionato ou dolo. Mas se o devedor cedia, não se podia mais prendê-lo. Também não se podiam prender mulheres por dívidas civis, mesmo que não tivessem pago suas obrigações, seja de portas e janelas, sejam pessoais, locativas, mobiliárias ou imobiliárias, diretas ou indiretas. Pois havia em Roma todas essas belas coisas, assim como há hoje em Paris, com a diferença de que o nome era outro e não se pagava tão caro por elas – e ninguém perturbava as cidadãs romanas com tais bagatelas. Em Paris, ao contrário, prende-se todo mundo, de qualquer gênero e de qualquer sexo, masculino, feminino, neutro, pois isso não muda em nada a questão.

Na França, era possível determinar a prisão por dívida para qualquer espécie de ato. Ela ocorria de pleno direito para dívidas fiscais, e em certos casos podia ser pronunciada pelo juiz, embora não tivesse sido estipulada.

O édito do mês de fevereiro de 1535, referente à conservação da cidade de Lyon, ordena que as sentenças desse tribunal sejam executadas por *penhora de corpo e bens* em todo o reino, sem *visa* nem *pareatis*, o que se observa ainda hoje.

Carlos IX, ao estabelecer a jurisdição consular de Paris pelo édito de 1563, ordenou que as sentenças dos cônsules, provisórias ou definitivas, que não excedessem a quantia de 500 libras tornesas, fossem executadas por prisão.

A *prisão por dívidas* ainda não era praticada para a execução de outras condenações, mas pela ordenação de Moulins, artigo 48, estabeleceu-se

que, para fazer cessar os subterfúgios, prazos e tergiversações dos devedores, todos os julgamentos e condenações de quantias pecuniárias, por qualquer coisa que seja, seriam prontamente executados por todas as prisões e cumulações daquelas, até o inteiro pagamento e quitação, que se os condenados não quitassem suas dívidas após quatro meses da condenação imposta a eles, em pessoa ou domicílio, eles poderiam ser presos e mantidos assim até a cessão e o abandono de seus bens; se o devedor não pudesse ser preso ou se o credor pedisse, o juiz procederia por contumácia do condenado, dobrando ou triplicando as quantias já estabelecidas.

No entanto, os padres não podiam ser presos em virtude de ordenação, assim como foi declarado pelo *artigo 57* da *Ordenação de Blois*.

O uso da prisão por dívida após quatro meses, estabelecido pela ordenação de Moulins, foi suprimido para as dívidas puramente civis pela ordenação de 1667, *título 34, artigo primeiro*, que proíbe às Cortes e a todos os juízes ordená-la, sob pena de anulação, e proíbe a todos os oficiais de Justiça e a todos os seus acompanhantes de executá-la, sob pena de multas, danos e interesses.

Para obter a prisão segundo todos os casos previstos no código, o credor deve primeiro comunicar o julgamento à pessoa ou ao domicílio da parte envolvida, distribuir a ordem de pagamento e a notificação de que a pessoa será presa depois dos prazos aceitos pela lei.

Expirados os prazos, a contar do dia da notificação, o credor retira no tribunal um julgamento que diz que, nos quinze dias seguintes, a parte em questão será presa, e deve dizer que, uma vez terminada a quinzena, a prisão poderá ser executada sem nenhum outro procedimento. Deve-se somente observar que as notificações que mencionamos devem obedecer a todas as formalidades ordenadas pelas convocações.

Se o devedor apela da sentença, se se opõe à execução do decreto ou do julgamento sobre a *prisão por dívida*, esta será diferida até que a apelação ou oposição seja julgada. Mas se antes da notificação da apelação os oficiais de Justiça ou guardas do comércio já tiverem prendido a pessoa do condenado, não haverá adiamento da prisão, ou seja, ele não terá mais direito a apelar.

As intimações e prisões não impedem as confiscações, execuções e vendas de bens, móveis ou imóveis, daqueles que foram condenados.

De qualquer modo, a última lei sobre a prisão por dívida (de 15 de germinal do ano VI) não estabelece nenhuma diferença entre o negociante credenciado e aquele que, sem ser comerciante, faz comércio. Refiro-me aos consumidores de todas as classes a quem o Tribunal do Comércio concede a honra de atribuir-lhes o título de *negociantes*.

Basta ter assinado uma letra de câmbio na devida forma para ser considerado negociante e ser julgado no Tribunal do Comércio. Se a letra de câmbio não for quitada no prazo, o tribunal nunca deixa de determinar a prisão por dívida, e é de tal modo expedito que, segundo se diz, pode fazer até 18 mil julgamentos dessa natureza nos anos comuns.

Meu tio achava que seria muito bom se a prisão por dívida fosse abolida, ou reservada apenas para os credores. Estes são em geral emprestadores sob caução, intrigantes, usurários, miseráveis intermediários de negócios que se enfeitam com o título de *produtor* e exploram a prisão por dívidas em proveito próprio. A abolição da prisão por dívida daria cabo de uma série de armadilhas montadas para os pés de jovens consumidores apaixonados e inexperientes, que arriscam quase sempre seu futuro por um momento de embriaguez e dissipação e que, por infelicidade, têm a mania de prestar contas aos seus credores. Aboli-la seria, pois, uma vantagem real para a moral pública e o consumo habitual.

Está provado que a prisão por dívida favorece os maus costumes de mais de uma maneira. Meu tio conheceu uma mulher sensível, hoje duquesa, que, encontrando-se outrora incomodada pela presença de um marido de humor ciumento, ficou sabendo que ele tinha assinado uma letra de câmbio e que a situação de seus negócios não lhe permitia pagá-la no dia do vencimento. Ela logo mandou comprar o título fatal e, durante cinco anos, manteve o esposo sob os cadeados de Sainte-Pélagie. Esse homem de bem só depois ficou sabendo da manobra de que tinha sido vítima. Sua terna esposa vinha às vezes chorar com ele a separação tão cruel e consolar-se com seu cresus por seu infortúnio conjugal.

Meu tio também afirmava que algo semelhante havia sido empregado para afastar um amante importuno, que tomara ao pé da letra os protestos de eterna fidelidade.

A duração da detenção é de cinco anos para os franceses; terminado esse prazo, ele fica livre, e seus credores perdem o *recurso* de prendê-lo. Quanto aos estrangeiros, a duração é ilimitada.

A idade, por mais avançada que seja, não exime da *prisão por dívida*. Já vimos idosos de 90 anos detidos por dívidas na Sainte-Pélagie. Aviso aos consumidores de todas as idades!...

Nona lição
Dos oficiais de Justiça

*O que é um oficial de Justiça? – Oficiais de Justiça gregos
e romanos. – Dos agentes de polícia. – Seus direitos
e prerrogativas. – Pequenas anedotas que demonstram
as vantagens ligadas ao cargo de oficial ou agente. – Refúgios
e inviolabilidade. – Consequências.*

Ei! Não deveríamos, por sinais certeiros,
Reconhecer o coração dos pérfidos humanos!

É o que Racine nos deseja nesses dois versos em
relação ao *reconhecimento* dos oficiais de Justiça. Pois,
enquanto o Sol estiver no horizonte, tremam infelizes
consumidores que vivem sem princípios, ou melhor,
que não possuem nada. A favor do astro reluzente,
se bem que *o Sol tenha sido feito para todo mundo*, os
oficiais de Justiça têm direito de prender o senhor ou
mandar prendê-lo, o que é mais ou menos a mesma
coisa. Exceto, contudo, nos domingos e dias santos.

Mas, diga-me, o que é um oficial de Justiça?

É uma espécie de ministro da Justiça, vestido como o senhor e eu, que faz todas as proezas necessárias para constranger as partes, tanto no julgamento quanto na execução de mandatos, direitos e ordenações emanados dos juízes legais.

Os oficiais de Justiça [*huissiers*] foram assim chamados porque guardam o *huis* ou a porta do tribunal. O principal objetivo da função é manter a porta fechada quando o tribunal está deliberando, e impedir que algum estranho entre sem a permissão do presidente.

Entre os romanos, os que exerciam essa função eram chamados de *apparitores, cohortales, executores, hatores, cornicularii, officiales*. Eles cumpriam ao mesmo tempo as funções daqueles que antes da Revolução eram ainda chamados de *sergens*.

Na França, foram denominados de *serviantes*, daí o termo *sergens*. Nos séculos XIII, XIV, XV e XVI eram chamados ainda de *bedéis*, o que, nessa época, significava *admoestadores públicos*.

Em 1317, os que prestavam serviço no Parlamento eram chamados de *vateli curiae*. Mas, numa carta de 2 de janeiro de 1365, o rei os chamou de *nossos amados varlets*. De resto, sabe-se que o termo *varlet* não significava, como hoje, *valete*, função vil e abjeta, já que os mais poderosos vassalos, tais como os condes, os duques e os barões, qualificavam a si mesmos com o título de *primeiro valete do rei*, embora estivessem longe de se considerar *humilíssimos servidores* de sua majestade. Enfim, o posto de *oficial de Justiça no Parlamento* era considerado um *cargo*, e era comprado por causa das garantias e dos emolumentos ligados à função.

O nome *oficial de Justiça* foi, pois, dado àqueles que estavam encarregados de guardar a porta dos tribunais. Temos um exemplo num mandamento do bispo de Paris, de 1388, dirigido: *primo parlamenti nostri hostiario seu servienti nostro*.[1]

Mais tarde, a maioria dos oficiais (que antes da Revolução eram chamados de *empurra-cus*) ambicionava o título de oficial de Justiça, embora não estivesse a serviço dos tribunais, de modo que os primeiros

---

1 Do latim: "ao principal responsável pela manutenção da ordem de nosso tribunal ou ao nosso servidor". (N. E.)

foram chamados de *oficiais de audiência*, para distingui-
-los dos outros *oficiais*, que, de fato, eram de direito
apenas agentes ou empurra-cus [*pousse-culs*].

Era vedado aos oficiais, mesmo aos do Parlamento, qualificar-se de *mestres*. Esse título, na época, era
reservado aos magistrados. Mas depois que estes
começar a exigir ser chamados de *senhor, monsenhor,
vossa graça, vossa senhoria*, os oficiais se atribuíram o
título de *mestre*.

Eles devem abrir caminho para os membros do
tribunal reunidos, a fim de que recebam honra e
respeito e não sejam abordados ao passar; devem
pedir silêncio no início da audiência e bater com o
bastão para manter o povo em ordem e em seu lugar.

É o oficial de Justiça que anuncia as causas da audiência, segundo o papel que lhe é atribuído. Deve
sempre estar de chapéu enquanto cumpre suas funções. As antigas ordenações proibiam, sob pena de
censura ou multa, que pegassem qualquer coisa, rece-
bessem, aceitassem ou exigissem o que fosse das partes
para anunciar suas causas. Mas sabe-se que na França
as antigas ordenações eram mais ou menos como as
novas que posso citar, absolutamente em desuso.

São os oficiais de Justiça que entregam as notificações e os adiamentos, procedem às publicações de venda de imóveis, executam (por diligência do procurador do rei) os decretos criminais, fazem os processos verbais de perquisições, as prisões, as apreensões e as anotações de bens. Em caso de resistência, podem pedir o auxílio da força armada e dos habitantes do local, que são obrigados, arbitrariamente, a prestar apoio, socorro e assistência na circunscrição em que trabalham.

Francisco I, ao ser informado de que um de seus oficiais tinha recebido umas pauladas, dobrou o braço sobre o peito, querendo mostrar com isso que considerava que o tratamento dado ao seu oficial tinha sido dado a ele mesmo, e que a Justiça, da qual ele se julgava o primeiro órgão, estava ferida em sua pessoa.

O édito de Amboise e as ordenações de Moulins e de Blois proíbem, sob pena de morte e sem nenhuma espécie de graça, ultrajar ou importunar oficiais e guardas quando estão cumprindo alguma tarefa da Justiça.

Jourdan-le-Lille, famoso por suas pilhagens, foi enforcado em 1322, sob Carlos IV, por ter estripado um oficial que o reconduziu ao Parlamento.

Eduardo, conde de Beaujeu, foi preso e encarcerado na Conciergerie por ter defenestrado um oficial que lhe trouxera a notificação de um decreto.

Em 1367, o príncipe de Gales estorvou um oficial que viera notificá-lo para adiar seu Ministério, foi declarado contumaz e rebelde pelo Parlamento e as terras que possuía na Aquitânia foram confiscadas.

Antigamente, um oficial de Justiça notificava verbalmente as partes e em seguida fazia ao juiz um relatório do lugar nestes termos: *A vós, senhor juiz... meu mui temido mestre... Queira saber que... o intimado... a comparecer etc. etc.* Esse relatório era chamado de *relatio*. O oficial não assinava, colocava apenas seu selo, porque a maioria não sabia ler nem escrever. Mas hoje todos os oficiais de Justiça são obrigados, pelas novas ordenações, a pelo menos saber ler e escrever, e todos se conformam.

Os oficiais podem carregar armas ofensivas e defensivas, para sua segurança, e pedir assistência de uma força civil ou militar.

Não será demais conhecer as proteções que meu tio indica por mim e as apresentadas nos artigos do Código, que falam extensamente do que vou dizer-lhe em poucos artigos.

1º Não pode ser preso por eles por uma quantia menor que 100 francos. Assim, pois, se tiver a fraqueza de assinar um ou vários compromissos, nunca os faça superior a 99 francos. E, segundo essa amplitude, poderá dobrar, triplicar, quadruplicar a massa de compromissos.

2º Não pode ser preso nem antes nem depois do pôr do sol; assim, a Lua é sua protetora. Invoque-a, pois, ó consumidores românticos!

3º Não pode ser preso nos edifícios consagrados ao culto, mas somente se for *durante o culto divino*. Bela ocasião para se pôr ao par do repertório... Aproveite e não perca um ofício divino.

4º As residências reais também são invioláveis, tais como o Jardim das Plantas, o Louvre, as Tulherias, o Jardim de Luxemburgo, o Palais Royal (o jardim somente, salvo as galerias).

5º Em casa, enquanto não sair, desde que não seja um hotel, e que não tenha dado o endereço a ninguém.

6º Enfim, nos lugares em que ocorrem as sessões das autoridades que formam um dos principais corpos do Estado; mas é preciso que haja uma *sessão em andamento.* Vá, pois, à Câmara dos Deputados ouvir as discussões dos honrados defensores de nossas liberdades, com as quais a sua não tem nada em comum.

Esses são os refúgios que o Código reservou-lhe contra as buscas dos oficiais de Justiça. Fora deles, a cada passo, corre o risco de ser chamado, preso pelo braço e, se não tiver pernas, conduzido ao lugar cujo nome vai saltar aos seus olhos na página seguinte...

Décima e última lição
Sainte-Pélagie

Confissão tardia. – Itinerário. – Reconhecimento do lugar. – Retratos diversos. – Novo regime a ser seguido. – Visitantes – Consolos. – Últimas reflexões.

Infelizes consumidores, foi em vão que meu tio procurou dissimulá-los, mas eu confesso aos senhores, corre-se sempre o risco de acabar lá.

Quando um devedor vai para a prisão, se não pode pagar e o credor se tornou seu inimigo, como quase sempre acontece, ele deve se conformar em passar aí cinco anos mortais. A única chance que lhe resta para sair, sem o auxílio do Comitê de Caridade, é que o *produtor* se esqueça de pagar adiantado o montante de alimentos a que o *consumidor* tem direito. Nesse caso, uma hora de atraso lhe devolve a liberdade. Mas, enquanto isso, por muito menos se vai para a prisão. E vou me encarregar do cuidar para mostrar-lhe o caminho, pois, como meu tio nunca teve de percorrê-lo, seria muito embaraçoso ele mesmo ter de indicá-lo.

Percebe nessa ruela quase deserta, que se chama Rua de la Clef (pronuncia-se *clê*, mesmo diante de uma vogal, como ensina o *Dictionnaire de l'Académie*), esse grande edifício, rodeado de muralhas altas e cercado de correntes, cuja fachada parece ter saído apenas pela metade dos antros da terra? Vê esse corpo de guarda, essa guarita, esse sentinela? Distingue essa porta de quatro pés de altura, com uma janela de grades de oito polegadas quadradas? Bata duas vezes, abaixe a cabeça e curve-se de modo que suas pernas e seu tronco façam um ângulo reto... Abriram a porta, pode entrar!...

Eis que agora está nesse antigo convento (hoje reformado e recuperado), que servia de asilo a monjas tímidas e hoje serve de prisão para os consumidores de todas as classes, que, não conhecendo o método do meu tio, assinaram uma ou várias letras de câmbio para pagar dívidas que não quitaram, ou ainda para pessoas distraídas que se acostumaram a pegar no bolso de seus vizinhos o que provavelmente se esqueceram de pôr no seu.

O limiar que acaba de atravessar separou-o da morada dos que vão e vêm. Embora no meio de Paris, está quase em outro mundo.

Esse grande Cérbero de 6 pés e 2 polegadas, essa espécie de homem cinza cuja mão faria inveja à mais brava claque de nossos teatros reais, parece identificar-se com essa enorme chave que se tomaria pelo brasão de um bispo do século XII, adivinhou que o senhor é um *consumidor* que vem cumprir um contrato com um dos *produtores* ordinários do lugar. Desde esse momento, seu retrato fica gravado em sua memória e só depois de cinco anos passados é que se permitirá apagá-lo de sua lembrança.

Novo Hartentirkof, ele é incorruptível, nada o comove, nada poderia enternecê-lo. Abre e fecha a tal porta com a mesma impassibilidade, seja para o infortúnio, seja para a beleza que vai consolá-lo algumas vezes. Nunca sorri, a não ser quando vê passar diante de seus olhos uma cesta de Chambertin ou de Mercuray. Ah, se pudesse confiscá-la!...

Mas não devo me deter nessas bagatelas da porta; vou conduzi-lo diretamente ao balcão.

Ele fica na extremidade direita do pequeno corredor em que está. O senhor se apresenta a um modesto empregado, de cabelos brancos e calça curta, muito bonachão, mas montado nas ordenações emanadas do chefe da polícia. Eis que o senhor é fichado e, a partir desse momento, pode se considerar um dos comensais do estabelecimento.

Entretanto, quando o *consumidor* locatário tem princípios, as conveniências exigem que, antes de entrar, ele faça uma breve visita ao dono da casa. Ele fica em geral num cômodo vizinho, nos fundos, com dois escrivães que lhe servem de ordenanças. Ficará espantado com seu aspecto amável, com a polidez de seus modos; é o tipo do senhor Jovial. Embora viva rodeado de cães, guardas e tristes muralhas, embora conheça melhor a gíria que o autor que acaba de publicar uma obra sobre a língua materna dos ladrões, dos crápulas que escaparam das galés e de outros *fashionables* da mesma têmpera, como o autor do dicionário que mencionamos, o senhor Greffier-

-concierge[1] de Sainte-Pélagie (pois esse é seu título oficial) não deixa de se exprimir de uma maneira distinta, o que prova que Sainte-Pélagie não abriga apenas pessoas mal-educadas. Fará muito bem em conhecê-lo, tanto mais que ele é o soberano absoluto no governo que lhe é confiado, e seus atos e julgamentos não têm apelação.

Depois de prestar sua respeitosa homenagem ao dono da casa, volte alguns passos, a fim de atravessar o caminho da ronda e entrar no hotel. Está diante de duas portas. A da direita é a porta que dá para a prisão por opinião política ou opinião de bolso; não é essa, mas a da esquerda, que dá para a prisão por dívida. Bata e abrirão; exiba seu registro e estará dentro.

Um deputado[2] disse na tribuna nacional que a sorte dos presos por dívida não era tão ruim quanto se dizia, já que davam festas e jantares todos os dias. Essa afirmação pode ter algum fundo de verdade, embora mostre falta de generosidade da parte da-

---

1 Notário. (N. E.)
2 Senhor Bazre.

quele que a emitiu. Sei que em Sainte-Pélagie há alguns consumidores ricos que procuram se distrair à mesa com amigos consumidores que vêm visitá-los. Mas a massa dos endividados vive na maior miséria, e muitos morreriam não fosse o auxílio de seus companheiros de infortúnio.

O que digo é certo, e em breve mais de um dos meus leitores estará em condições de julgar isso, se já puser em prática as várias teorias ensinadas por meu tio.

A lei obriga o credor *encarcerador* a adiantar ao devedor *encarcerado* uma quantia de 20 francos por mês. Com esse dinheiro, o consumidor deve pagar o aluguel da cama e dos móveis. Por mais modestos que sejam, custam a metade do que ele recebe por mês (10 francos é o preço fixado para os gastos menores); restam-lhe, pois, 10 francos para se alimentar. Ora, 10 francos ou 1.000 centavos, divididos por 30 dias (em média), dão 33 centavos por dia ou mais ou menos 6 tostões e 6 liards, com os quais ele deve fazer duas refeições por dia. Restam 10 centavos por mês ou 24 tostões por ano para se vestir, mandar lavar a roupa, aquecer-se, jogar, ler, dar presentes etc. etc. Decerto não é muito, e duvido que um economista, mesmo da têmpera da de meu tio no fim de sua carreira, conseguisse honrar seus negócios mesmo sem pagar suas dívidas, com uma renda assim.

É verdade que o senhor ministro do Interior socorre os endividados *pobres*, mandando distribuir a chamada *pitança*, isto é, uma tigela de ensopado magro e uns poucos legumes secos, substituídos nas quintas, domingos e feriados por um ensopado dito *gordo* e uma pequena porção de carne de vaca, à qual se convencionou aplicar a qualificação masculina. Quando o consumidor pobre tem família, e essa família fica no abandono, é preciso ainda que o consumidor divida com a mulher e os filhos o pouco que lhe dão.

Que quadro é esse de um infeliz privado de sua liberdade, que só tem diante dele, no dia de Páscoa ou de Natal, a tal *pitança* e vê chegar mulher e filhos esfomeados!... Meu tio, que nunca conheceu os filhos, porque jamais se soube que tivesse mulher, embora nunca tenha posto os pés em Sainte-Pélagie, por superstição, sempre descreveu um quadro espantoso das misérias que se engendram aí, raciocinando por analogia.

Entretanto, é preciso dizer que essa situação de sofrimento não é geral: os consumidores endividados encontram em Sainte-Pélagie pratos a preço fixo e três ou quatro restaurantes, frequentados pela classe rica, que (coisa espantosa) não servem menos a crédito que os restaurantes mais ricos da capital. Sem dúvida, isso vem apoiar a asserção do meu tio: "Quem não faz crédito faz falência". Quanto a mim, parece-me que, se existe no mundo um dono de restaurante que não deve servir a crédito, deveria ser um de Sainte-Pélagie. Mas é o contrário!

Há ainda nesse doce retiro cafés, tabacarias e um bilhar, um círculo onde se jogam *bouillotte* e outros *carteados* e uma sala de leitura onde se leem todos os jornais, exceto o *Moniteur*, a *Gazette de France* e o *Quotidienne*. Também não se liam o *Journal de Paris*, a *Étoile* e o *Pilote*, quando ainda existiam.

O interior de Sainte-Pélagie é parecido com um caravançará: recebe homens de todos os países e de todas as profissões. Sempre conta vinte oficiais, entre os quais uma meia dúzia de coronéis e um comandante-geral. Os marqueses, os condes, os barões e os cavalheiros sempre são em grande número. De tempos em tempos, veem-se até abades. O resto da população compõe-se de homens de letras, músicos, pintores, operários, donos de restaurantes, aguadeiros, alfaiates e ladrões de todas as classes. O que é mais raro em Sainte-Pélagie são os comerciantes ou os policiais.

Como entram lá de 75 a 150 *visitantes* por dia (em média cem), e esses *visitantes* não vêm porque dependem dos consumidores endividados, os donos de restaurantes e cafés sempre ganham alguma coisa. Sem esses poderosos auxiliares de fora, é provável que a maior parte desses estabelecimentos não conseguisse se manter por muito tempo, pois, em geral, os consumidores com postos fixos consomem pouco e não pagam nada. Por isso, os restaurantes e os cafés de Sainte-Pélagie não são famosos. Os *habitués* parecem dominar todas as práticas ensinadas por meu tio, embora não pratiquem a teoria racionalmente. Sua obra prestará grande serviço aos que ainda não foram para Sainte-Pélagie e aos que já saíram de lá.

Quando se quer ir visitar um infeliz consumidor *devedor* em Sainte-Pélagie, não basta apresentar-se na chefatura de polícia e pedir *uma permissão*. Antes, é preciso munir-se de uma autorização por escrito, feita pelo devedor que se deseja visitar. É somente com essa autorização, devidamente carimbada pelo respeitável empregado do qual vos falei no começo desta lição, que a chefatura de polícia libera a dita permissão.

Essa medida, que de início parece um entrave à liberdade daqueles que estão na prisão, é não só necessária, como ainda filantrópica. Sem ela, os infelizes *consumidores* devedores seriam diariamente assediados por seus credores *produtores*, embora os primeiros estejam trancados à chave. Esse modo de comunicação também dá ao detento a faculdade de só receber na prisão os indivíduos que podem amenizar o tédio do cativeiro. Quanto aos credores, eles não têm outro meio de ver os devedores a não ser pedindo ao notário que os chame, mas estes não são obrigados a atendê-los se suspeitam que aqueles que vêm atormentá-los não querem entrar em acordo, segundo o método do professor.

Além do mais, assim como na vida, só existem duas grandes ocasiões em Sainte-Pélagie: a entrada e a saída. Os primeiros dias de uma, assim como os primeiros anos da outra, parecem intermináveis; mas, depois de certo período, eles se precipitam com extrema velocidade. A última semana de prisão, assim como a última estação da vida, escoa com rapidez e deixa apenas traços fugitivos na memória. Então, como os velhos não contam mais os anos, nós não contamos mais os dias... Eu gostaria que me explicassem claramente esse fenômeno.

Aliás, está provado que os grandes espaços prejudicam a felicidade: temos necessidade de ver e sentir limites em todas as coisas. Milton só trabalhava no seu Éden enfiado num porão; Rousseau escreveu suas mais belas páginas num sótão; Cervantes produziu sua obra-prima numa cela de prisão; e meu tio compôs este sábio tratado num hospital. Mas o que são Milton, Rousseau, Cervantes e tantos outros que eu poderia nomear comparados ao meu tio... Todos esses grandes gênios nunca tiveram um tostão de dívida!

Moral que não tem nada em comum com
a que meu tio prega em sua obra e que,
por essa razão, convido o leitor a seguir
de preferência a sua própria.

Graças a Deus, não estamos mais no tempo em que era de bom-tom ter dívidas, e em que os credores numa antecâmara eram mais honrosos que os lacaios.

Os desvios de alguns jovens senhores da antiga Corte ganharam insensivelmente todas as classes, mas estava reservado ao meu notável tio fazer disso um princípio de direito civil, político e social, em suma, fazer um livro para provar que as dívidas não pagas são prova incontestável da prosperidade daquele que as contraiu.

Peço perdão a ele. Mesmo cuidando da redação de sua *Arte de pagar suas dívidas e satisfazer seus credores sem desembolsar um tostão*, nunca apreciei sua moral e achei menos graça ainda em suas brincadeiras sobre os meios que aconselha para não pagar suas dívidas, quando infelizmente se é forçado a contraí-las e se tem a possibilidade de não tê-las mais, pagando-as com dinheiro, bem entendido. Parece-me que as dívidas, de qualquer natureza que sejam, são compromissos tão sérios quanto outro qualquer, e não há espírito nem honra em faltar com eles.

Sei e, como eu, todos sabem que, por uma dessas inconsequências das quais seria fácil encontrar uma multidão de exemplos, a lei condena o que a sociedade permite. Sei ainda que, enquanto os tribunais atacam os devedores de manhã, os teatros zombam dos credores à noite e convencionou-se rir, no mundo e no palco, dos truques que se armam contra eles todos os dias. Mas estes, os credores, cansam-se de suas providências inúteis, entendiam-se com os eternos adiamentos que lhes são propostos e, por fim, com perseverança, acabam obtendo um *ajuste de contas* que o devedor salda, pelo menos em parte, para obter novo crédito, com frequência com o auxílio dos usurários.

Esses honestos traficantes, sempre a par das necessidades e dos recursos daqueles que recorrem a eles, conhecem melhor que ninguém o valor de uma assinatura sobre um papel timbrado. O desavisado que cai em suas mãos, por mais que repita, como meu tio, que *notas, quantas quiser, mas jamais letras de câmbio*, é apenas assim que obtém dinheiro, emprestado a juros exorbitantes. Os dias passam, o prazo vence, a letra de câmbio é protestada, o julgamento é feito e notificado. Senhor Legrip e consortes abandonam-no e, no dia seguinte, ao voltar do *bosque* e entrar no Café de Paris, nosso elegante, sem nenhum respeito pela moda nem por seu apetite, é convidado por sentença do Tribunal de Comércio, com sede na Bolsa, a comparecer à Rua de la Clef, para uma estadia entre quatro muralhas, até que um pai complacente, uma mãe terna, uma amante compassiva, um amigo generoso ou um tio de têmpera diferente da do meu devolva-o aos seus doces hábitos e dê-lhe, ao pagar suas dívidas, meios de contrair outras.

Entretanto, existe uma ideia consoladora: é que está cada vez mais difícil em Paris obter uma renda por meio de dívidas, como outrora se fazia. Os comerciantes são menos crédulos; os trabalhadores, menos pacientes; os usurários, menos numerosos; os pais, as amantes e os amigos, menos generosos; e os tribunais, mais severos que na época do meu original tio... Que Deus lhe conceda paz e misericórdia!

FIM

ÍNDICE DE ASSUNTOS
TRATADOS NESTA OBRA

SOBRE O LIVRO

Formato: 11,5 x 18 cm
Mancha: 19,6 x 38 paicas
Tipologia: Adobe Jenson Regular 13/17
Papel: Pólen Soft 80 g/m² (miolo)
Couché 120 g/m² encartonado (capa)
1ª edição: 2011

152 páginas

EQUIPE DE REALIZAÇÃO

Edição de Texto
Mariana Echalar (preparação de texto)
Tatiana Valsi e Vivian Miura Matsushita (revisão)

Editoração Eletrônica
Vicente Pimenta

Capa
Andrea Yanaguita

Assitência editorial
Alberto Bononi

Ilustração
Cícero Soares

RR DONNELLEY

IMPRESSÃO E ACABAMENTO
Av Tucunaré 299 - Tamboré
Cep. 06460.020 - Barueri - SP - Brasil
Tel.: (55-11) 2148 3500 (55-21) 2286 8644
Fax: (55-11) 2148 3701 (55-21) 2286 8844

IMPRESSO EM SISTEMA CTP